SAUDADE DOS VELHOS TEMPOS
SEU JOSÉ E SUAS MEMÓRIAS

Editora Appris Ltda.
1.ª Edição - Copyright© 2023 dos autores
Direitos de Edição Reservados à Editora Appris Ltda.

Nenhuma parte desta obra poderá ser utilizada indevidamente, sem estar de acordo com a Lei nº 9.610/98. Se incorreções forem encontradas, serão de exclusiva responsabilidade de seus organizadores. Foi realizado o Depósito Legal na Fundação Biblioteca Nacional, de acordo com as Leis nos 10.994, de 14/12/2004, e 12.192, de 14/01/2010.

Catalogação na Fonte
Elaborado por: Josefina A. S. Guedes
Bibliotecária CRB 9/870

L533s
2023
	Leite, Maria Geni Rangel
	    Saudade dos velhos tempos : seu José e suas memórias / Maria Geni Rangel Leite, José Luiz De Mello. – 1. ed. – Curitiba : Appris, 2023.
	    108 p. ; 21 cm.
	
	    Inclui referências.
	    ISBN 978-65-250-4167-4
	
	    1. Biografia como forma literária. 2. Saudade. I. Mello José Luiz De. II. Título. III. Série.
	
	                                                        CDD – 809.9352

Appris *editora*

Editora e Livraria Appris Ltda.
Av. Manoel Ribas, 2265 – Mercês
Curitiba/PR – CEP: 80810-002
Tel. (41) 3156 - 4731
www.editoraappris.com.br

Printed in Brazil
Impresso no Brasil

Maria Geni Rangel Leite
José Luiz de Mello

SAUDADE DOS VELHOS TEMPOS
SEU JOSÉ E SUAS MEMÓRIAS

FICHA TÉCNICA

EDITORIAL	Augusto Vidal de Andrade Coelho
	Sara C. de Andrade Coelho
COMITÊ EDITORIAL	Marli Caetano
	Andréa Barbosa Gouveia (UFPR)
	Jacques de Lima Ferreira (UP)
	Marilda Aparecida Behrens (PUCPR)
	Ana El Achkar (UNIVERSO/RJ)
	Conrado Moreira Mendes (PUC-MG)
	Eliete Correia dos Santos (UEPB)
	Fabiano Santos (UERJ/IESP)
	Francinete Fernandes de Sousa (UEPB)
	Francisco Carlos Duarte (PUCPR)
	Francisco de Assis (Fiam-Faam, SP, Brasil)
	Juliana Reichert Assunção Tonelli (UEL)
	Maria Aparecida Barbosa (USP)
	Maria Helena Zamora (PUC-Rio)
	Maria Margarida de Andrade (Umack)
	Roque Ismael da Costa Güllich (UFFS)
	Toni Reis (UFPR)
	Valdomiro de Oliveira (UFPR)
	Valério Brusamolin (IFPR)
SUPERVISOR DA PRODUÇÃO	Renata Cristina Lopes Miccelli
PRODUÇÃO EDITORIAL	Nicolas da Silva Alves
REVISÃO	Simone Ceré
	José A. Ramos Junior
DIAGRAMAÇÃO	Andrezza Libel
CAPA	Sheila Alves

*De minha parte, Maria Geni, eu dedico
ao contador de histórias.*

*Da minha, José Luiz,
ao mano Edson, pela possibilidade desse encontro com sua família que
resultou na realização da escrita da minha biografia. Um sonho realizado!*

E ao meu pai, João, que nunca desistiu de mim.

AGRADECIMENTOS

Da autora:

Ao Seu José, por confiar a mim a escrita da sua história.

Do coautor:

Aos meus padrinhos, que aceitaram ser meus pais.

À Joaninha, minha companheira que divide seu tempo, sua vida, seu carinho e sua história comigo.

Ao meu irmão Waldir, por acreditar e contribuir no projeto do meu livro.

Aos meus familiares, amigos, afilhados e compadres, que fazem parte da minha história.

À Maria Geni, ao mano Edson e aos seus filhos, Catarina, Dimitri e Domenique, porque cada um deles, de um jeito único, me ajudou nessa caminhada. Mano Edson e Dimitri me levando em casa após as entrevistas; Domenique pela escrita do prefácio. E Catarina por garantir a informática. Sou muito agradecido a Maria Geni pela autoria do projeto da minha biografia.

Escutar é sempre um ato possível.

(Maria Geni Rangel Leite)

PREFÁCIO

Muitas pessoas vão a livrarias comprar biografias e histórias de pessoas famosas. Elas querem descobrir o que elas fizeram, quais foram seus desafios e como venceram cada um deles. Outras pessoas compram essas histórias por desejarem um pouco daquela vida, descobrir os passos para o sucesso, tentar absorver aquela sabedoria dentro da própria trajetória.

Mas, muitas vezes, a história de alguém comum, simples e que pode estar do seu lado no trem ou passar do seu lado na rua guarda a resposta que mais precisa.

Quantas histórias escondidas por este país nós não vemos nem lemos? Não temos acesso a elas, pois não estão em prateleiras nem em telas. São histórias de outro tempo que guardam o hoje.

E se você tivesse acesso a uma delas, você a escolheria? A história do Seu José foi escolhida na minha casa, pelos meus pais, pelos meus irmãos, pela minha família.

Seu José não é famoso e não tem milhares de seguidores nas redes sociais. No entanto, na história dele mora uma mensagem de amor, mesmo quando o tempo de uma parte da sua vida foi omitido. Seu José não guarda raiva da sua história, mas sim saudade.

Ele ensina que, ao relembrar o passado, devemos vivenciar ainda mais o nosso presente. Seu José não se ressente do tempo que se foi. Afinal não seria uma verdadeira perda de tempo lamentar-se justamente do que não tem mais controle?

As memórias do Seu José nos levam para um passado que parece longínquo. São partes da própria história que ele insiste em manter vivas na lembrança. Ao convite para escutá-lo, por quem se aproxime da conversa, ele diz: "Gosto de plateia!". Se vivemos em tempos rápidos, em que telas parecem absorver tudo e o Google nos lembra de nossas memórias, Seu José, ao resgatar sua história, desacelera o tempo e nos convoca a refletir sobre a nossa própria.

Domenique Rangel Leite
Formada em Estudos de Mídia pela Universidade Federal Fluminense (UFF)
É redatora e aceitou o convite para prefaciar a biografia de Seu José

APRESENTAÇÃO

Estamos no ano de 2019. Hoje é um daqueles dias em que passamos o dia todo trabalhando, com gosto, no sítio: varrendo folhas e deixando o lugar ainda mais bonito. Seu José sempre vai com a gente e, no carro, à tardinha, retornando do sítio, como semanalmente o fazemos — eu, meu marido, Edson, e, vez por outra, meu filho Dimitri —, ele torna a viagem muito agradável contando "casos", como diz, carinhosamente, seu amigo "mano Edson", que é como ele se refere ao meu marido.

Seu José não perde a oportunidade de contar-nos episódios de sua vida e fala que ela daria uma novela e da vontade que sente de registrar as suas memórias. É quando lhe digo que eu poderia ajudá-lo a satisfazer esse desejo. E ficou acertado que levaríamos a sério essa empreitada. Só que o ano estava quase terminando e o tempo, sabe como é, urge.

O ano de 2020 torna-se de cuidado e tribulação devido à pandemia da covid-19 e entramos em 2022 ainda lutando pelo maior número de adesão às vacinas, pois surgem variantes que atravancam a debelação da pandemia, sem contar que a solidão é uma importante consequência desses acontecimentos, pois obrigou o confinamento por prevenção ou quarentena e, além disso, protelou projetos importantes. Perdemos amigos e parentes próximos. O descaso com a ciência e o retorno de superstições superadas encontraram espaços importantes e enganaram, em muito, a boa-fé de nosso povo.

Demos início às entrevistas em período mais tranquilo, com boa porcentagem da população brasileira vacinada, em 13 de novembro de 2021, e nós, inclusive, já vacinados. Avançamos por 2022, de modo que os relatos das memórias de Seu José vão sendo escritos e reescritos por intermédio da sua narração viva e incansável, já que traz ao ombro seu microfone parabólico para ouvir melhor (Seu José é deficiente auditivo) e aproveitar nossas conversas semanais para acrescentar dados e/ou corrigir mal-entendidos da contação da sua história.

Como narradora da história de vida do Seu José, admito: dá mesmo um belo enredo para um filme ou novela. Ele escolheu para dar início a sua biografia a frase "Saudade dos velhos tempos", que expressa seu sentimento em relação a como se sente quanto ao passado que viveu, reunindo os relatos de todas as experiências em família, estudo, aprendizado de uma profissão e trabalho formal. Para seu José, o saldo em nenhum sentido pende para o lado negativo. Inventa "modos" de lidar com os impasses do cotidiano, objetos para os quais encontra função e uso, inventando inclusive um, especialmente, para minimizar sua deficiência auditiva.

A voz que empresta para falar do ofício que exerceu durante sua vida de trabalhador ativo é de um apaixonado pelo que faz. Sim, porque continuou "inventando moda". Sabedoria não se aposenta, né não? Com seu espírito inventivo de fazer coisas e nomeá-las, Seu José acabou por inventar também com sua "reguinha" o seu jeito de escrita. Escrita que só interrompe com a perda gradativa da visão devido ao diabetes. Uma doença contra a qual luta bravamente no presente da sua vida, sem perder a alegria de viver e, muito menos, a fé em recuperar sua visão com o acompanhamento médico e a rigorosa dieta que segue.

Como quem dita o curso dos acontecimentos da sua narrativa de vida é o biografado, é possível que não se privilegie uma cronologia dos fatos vividos por quem os conta, mas o curso de seus relatos no momento de contá-los, do modo e no tempo de como suas lembranças lhe chegam.

Eu conto a história de Seu José, quem me autoriza a historicizá-la. Se outras histórias a permeiam, como a de sua primeira esposa, parentes e amigos dela (Lucília, já falecida), e a de Joaninha, sua atual companheira (chamada desde criança por "Doninha" e não sabe a origem do apelido), assim como relatos gentilmente confidenciados por seu irmão Waldir, é porque a contribuição que oferecem à biografia de Seu José contempla um leque que se abre em agradecimentos nessa autoria oral, escrita por mim.

SUMÁRIO

CAPÍTULO I
OS VELHOS TEMPOS..17
  1. SOBRE O MEU PAI ERETIANO...27

CAPÍTULO II
COM-VIVER EM FAMÍLIA, ESCOLA E TRABALHO..............31
  2. INICIAÇÃO, CONVIVÊNCIA E VOCAÇÃO PROFISSIONAL.........34

CAPÍTULO III
O VALOR DO ESCRITO...45
  3. ESCRITOS QUE LEMBRAM O QUE ME FAZ FALTA.................54

CAPÍTULO IV
GRANDES PARCEIRAS DE VIDA..67
  4. OS CASAMENTOS...67
    4.1 Com Lucília...67
    4.2 O que Deus escreve, quem pode apagar? "Joaninha"..........70

CAPÍTULO V
BONS TEMPOS AQUELES..77
  5. REFLEXÕES MINHAS: SAUDADE DOS VELHOS TEMPOS........78

CAPÍTULO VI
NOS NOVOS TEMPOS...93
  6. ESSES CASOS EU NÃO ESQUEÇO!......................................97
    6.1 CASO (1979): CÃO DANIEL!....97
    6.2 CASO (1981): FUNCIONÁRIO ATRAPALHADOR................98
    6.3 CASO (1983): AO AMIGO MAURO..................................99
    6.4 CASO (1988): UM FINAL DE SEMANA ASSUSTADOR.........100

EPÍLOGO..103

REFERÊNCIAS..107

CAPÍTULO I

OS VELHOS TEMPOS

Costuma-se levar em consideração o tempo no enredo das histórias. E, não raro, algumas podem começar bem distante do seu começo. A minha, por exemplo, é o caso, pois, estando hoje com 76 anos, relato uma história sobre a qual só tomei conhecimento aos 44 anos de idade por minha mãe, em seu leito de morte. Chamou-me para contar uma parte, a que ela conseguiu me contar. Depois foi questão de ir juntando as outras, aqui e ali, entre familiares.

Minha mãe, Nair, conta que me adotou quando eu tinha três anos de idade. Ela era casada com meu tio João, nessa época, e só tinham uma filha adolescente, Atlaim. Era minha irmã e eles eram meus pais, até então.

Meus irmãos Altamiro e Ivan, com os quais eu brincava e convivia nas visitas regulares de família, foram proibidos de dizer-me quanto a nossa relação de parentesco. Então, até os meus quarenta e quatro anos eles eram meus primos, filhos de meu tio José Heretiano de Melo, que, na verdade, era o meu pai biológico.

Quando tomei conhecimento da minha história, tanto meu pai biológico quanto meu pai adotivo já eram falecidos. Desde então, por partes, meus familiares foram me devolvendo cada pedacinho dela.

Minha mãe se chamava Durvalina e era lavadeira de roupas. Enquanto lavava, tomava, vez por outra, um gole de sua aguardente Crioula. Quase sempre ela era surpreendida por José Heretiano, meu pai biológico, e este a advertia: "Durvalina pare com isso que isso vai te matar, mulher! Essas palavras eram ditas assim mesmo por meu pai a ela e eu acrescento: Pior que matou mesmo!".

Minha mãe faleceu de cirrose hepática ou coma alcóolico, assim disseram. Ela estaria, então, com 30 anos de idade. Na ocasião, pela falta de recursos e por minha saúde frágil, meu pai resolveu me doar ao irmão dele e sua esposa, que ele havia escolhido para serem os meus padrinhos de batismo. Eles aceitaram e me registraram como se filho legítimo deles eu fosse, pois, apesar de estar com três anos, eu não havia sido ainda registrado por meu pai biológico. São os nomes dos meus pais adotivos que estão na minha Certidão de Nascimento. Por isso, meus pais sempre foram e serão: João Domingos de Mello e Nair Alves de Mello.

Algumas datas não se encaixam no que me contaram sobre minha mãe biológica falecer de cirrose hepática aos trinta anos, pois durante as entrevistas com minha narradora fomos nos dando conta da diferença de idade entre mim e meus irmãos: eu, 1946; Ivan, 1940; e Altamiro em 1935. E supondo que ela teria passado por um período doente da enfermidade que causou seu desenlace, a pergunta que eu não soube responder porque não me contaram é: com quantos anos sua mãe teve Altamiro?

Era de se esperar uma confusão possível quanto a idades, já que me contaram que meu pai não tinha o hábito de registrar os filhos tão logo nasciam. Meu irmão Altamiro, por exemplo, só foi registrado aos 18 anos, quando foi alistar-se para o exército. Nessa época, as datas de nascimento estavam guardadas em anotações de caderno. Tomando em consideração a dificuldade de recursos financeiros e as poucas exigências quanto a essas responsabilidades sociais à época, não havia preocupação quanto a esses direitos aos menos favorecidos, como se observa atualmente.

Quando minha mãe Nair me pede perdão no seu leito de morte, eu lhe digo que não há o que perdoar, somente a agradecer. Não senti nenhum sentimento de indignação porque, no meu entender, eu não tinha perdido coisa alguma com essa decisão de esconderem a verdade da minha origem. Afinal, o que teria sido de mim, se não fossem eles a me cuidar?

Conforme me contaram, meu pai biológico era sapateiro e ainda tinha meus dois irmãos para cuidar, e parece que as visitas que meu pai fazia ao meu tio Heretiano o tranquilizavam, pois via que eu era bem cuidado.

Meus irmãos eram um pouco maiores e tinham boa saúde. Coisa que eu não tinha. Lembro que sentia muita dor de cabeça e esta me acompanha até os dias de hoje. Vez por outra, ela volta.

Meu pai João tinha melhores condições de me cuidar, de me educar. Era mestre de obras e procurou fazer o melhor por mim, dentro do que ele achava que era o certo a fazer. A nossa família era unida e assim a vida seguiu. Eu fui morar em Cascadura, na Rua do Amparo, e meu pai Heretiano em Marechal Hermes, com meus dois irmãos, Altamiro e Ivan.

Senti que o mais importante para minha mãe Nair era o meu perdão, tanto que minha origem era a principal revelação naquele momento, o que era quase inacreditável para mim porque eu me sentia realmente filho dos meus pais adotivos e jamais desconfiei de que não o fosse. Meus sentimentos não se modificaram porque minha história me foi contada. Senti-me agradecido.

Estranha a sensação de me dar conta de que jamais me foi negado estar com meus irmãos, pois brincávamos sempre juntos e o sentimento de irmão estava presente, já que, como eles sabiam que eram meus irmãos, era dessa forma que se relacionavam comigo. Como irmãos, embora eu pensasse o tempo todo que eram meus primos. Mais estranho ainda era a semelhança de Ivan comigo. Todos notavam e faziam tal comparação. Isso eu observava, mas como eu poderia imaginar tal coisa? Afinal, primos podem ser parecidos.

Às vezes fico pensando se não sou rígido assim como meu pai era. Eu também não aceito certas coisas, do mesmo modo como meu pai João também não aceitava. A palavra que se podia confiar, o trabalho, as obrigações, um jeito de ser e de fazer as coisas, a forma de encarar os acontecimentos do dia a dia e que dizia muito sobre o jeito de ser do meu pai João. Sinto que herdei muito disso que ele era. Quero dizer que também adquiri, assim como ele, os valores que julgo por mim mesmo, dependendo das circunstâncias. Menos aquele jeito duro e direto de ele dizer as coisas bem na cara da gente.

A impressão que eu tenho de mim como pessoa está muito ligada ao modo como eu via o meu pai João. Eu o achava muito rígido e acho que essa característica dele ecoou em mim. Essa ideia de rigidez é positiva, à medida que está relacionada com a ideia de empenho da palavra, assumir responsabilidade diante da vida, tais como escola, trabalho, obrigações diárias, família etc. Não são poucas as situações que vivi com meu pai João que exemplificam isso.

Lembro de três, particularmente. A primeira foi quando, certa vez, ele retornou do trabalho e eu estava no campo jogando bola. Eu não era muito bom nisso, mas eu estava lá com os meninos brincando. Quando voltei, meu pai perguntou-me por que eu ainda não havia tomado banho e estava em casa. No portão, eu relutava em entrar, embora ele insistisse que eu entrasse. E eu repetia:

"Não, que o senhor vai me bater! E, no final das contas, quem me salvava era minha mãe Nair".

Ela sempre me protegia dessa rigidez do meu pai, que gostava das coisas do modo como ele achava que era certo. Trazia no rosto esse ar de rigidez que me dava medo, algumas vezes. E o seu sorriso? Eu nunca vi meu pai sorrir.

A segunda lembrança foi quando eu comecei a repetir ano na escola por causa da matemática. Então, meu pai chegou e disse: "Já que você não gosta de estudar vai me ajudar no trabalho".

Eu tinha, mais ou menos, 14 anos, quando comecei a ir para as obras com meu pai e o auxiliava. Mas ele também conseguiu um trabalho para mim sem carteira assinada na fábrica de confecções de tecidos, em Del Castilho, Unitex.

Ele costumava dizer pra mim que não ia criar "vagabundo" em casa. *Meu pai não me batia, mas era muito duro com as palavras.*

Nessa fábrica tinha seções e na seção em que eu trabalhava havia um molde para seguir e fazer o corte certinho dos tecidos para a confecção das roupas, que eram feitas em série: calças, inclusive jeans, camisas, entre outras.

Quando se tinha que fazer a entrega das roupas que eles confeccionavam nas diferentes lojas que a fábrica tinha, eles me tiravam, e me levavam para ajudar a fazer essas distribuições das roupas feitas pela fábrica, nas lojas. Creio que eu tinha 14 anos nessa época e não estudava mais, porque eu só estudei até o quinto ano do antigo admissão. Meu pai me tirou da escola, por repetência da mesma série duas vezes.

Meu pai trabalhava em muitos lugares diferentes e eu gostava muito de ir com ele. Mas percebi que esses conhecimentos do meu pai também contribuíam para ele me arrumar ocupações, até que eu consegui o meu primeiro emprego como aprendiz.

Eu tinha quase 15 anos quando fui contratado informalmente. Primeiro, pela Copiadora Filmoletras como mensageiro, mas meu patrão Rui após o mês de trabalho não havia pagado o meu salário e meu pai não estava acreditando nisso.

A reação de meu pai veio pessoalmente, quando ele foi tirar satisfações com meu patrão, e, ao confirmar o que eu havia dito, cobrou o pagamento. Assim que eu recebi, ele me tirou de lá. Para meu pai aquilo havia de se repetir, e atrasar o pagamento de quem trabalha era inconcebível para meu pai João.

Teve também uma vez que eu estava no trabalho com meu pai João (que era mestre de obras), e o patrão dele disse que não tinha dinheiro para pagar aquele dia de trabalho e que pagaria com almoço para todos, tanto ao meu pai como aos ajudantes dele. Lembro que meu pai começou a recolher as ferramentas, dizendo que, se trabalhava, era para garantir o sustento da família, e não aceitou a situação. Ele respondeu assim:

— Quem disse ao senhor que eu trabalho pelo dinheiro? Eu trabalho pelo sustento da minha família. Muito bem, eu vou comer aqui e vou ficar com a minha barriga cheia e como vão ficar os que estão lá em casa?

O patrão logo apresentou outra fala que meu pai de imediato replicou:

— Fica calmo, Senhor João Cascadura!

— Alto lá! Eu pus algum apelido no senhor? Então, me trate pelo meu nome sem acrescentar apelido!

É dessa rigidez que falo que herdei, de certa forma. Certo modo de rotina que, no dia a dia, era difícil para meu pai mudar de pensamento, inclusive de como era o estilo de vida que nossa família tinha. Meu pai achava, por exemplo, que criança tinha que estudar, fazer as obrigações do dia a dia que ele estipulava, tinha que estar pronto com as obrigações (varrer o quintal, limpar as caixas de gordura, entre outras). E, "ainda por cima"[1], estar de banho tomado quando ele chegava em casa.

Eu brincava muito pouco. Quase não havia tempo pra isso. Lembro que eu era muito tímido para expressar o que pensava ou sentia. Acho mesmo que eu tinha vergonha de falar. Por outro lado, ele me ensinava algo sobre respeito e consideração de um jeito sério e rígido, que era o jeito dele no relacionamento com as pessoas. Meu pai me mostrava que confiar no que se diz se confirma pelo que se faz.

Meu pai João quando se casou com minha mãe Nair já tinha um filho de relacionamento anterior com uma cigana. Sempre deu assistência a esse filho de nome Carlos, sem participar a situação a minha mãe Nair, que só ficou sabendo da história quando, já adulto, esse filho apareceu no portão lá de casa.

Nós morávamos em Cascadura, na Rua do Amparo, e meu pai estava ajudando meu irmão Carlos a construir a casa dele no bairro de Campo Grande. Não tivemos convivência antes desse episódio. Eu só conheci Carlos em 1960. Carlos cresceu longe de nós e, se meu pai ia vê-lo, a presença de Carlos em nosso portão, chamando-o de pai, provou que conviviam de algum modo como pai e filho. Mas em casa ele não falava nada sobre isso. Essa aproximação fez com que eu conhecesse meus três sobrinhos, filhos de Carlos: Rosemberg, Nilda e Denilson. Quando ele se apresentou no portão lá de casa como filho do meu pai, já era casado e com os filhos. Atualmente, meu irmão Carlos é falecido.

Eu tenho outros irmãos além de Carlos, Atlaim, Altamiro e Ivan (que já são falecidos). Meu pai biológico José Heretiano se casou mais duas vezes, vindo a ter mais filhos do seu terceiro relacionamento, com Helena Evangelista. Esta já tinha dois filhos quando se casou com meu tio Heretiano: Marlene e Nilson Ferreira. Desse relacionamento com meu pai biológico nasceram Waldir, Reginaldo, Helenice (já falecida), Luci e Regina Evangelista.

---

[1] Mantenho algumas expressões da fala no seu exercício, de modo a privilegiar a tradição oral. Esta Seu José emprega com o sentido de algo excessivo, acentuado nível de exigência.

Quando meu pai biológico, faleceu eu ainda pensava que ele era o meu tio José Heretiano. Era o dia do aniversário dele de 71 anos e reuniu todos os filhos, até mesmo Altamiro e Ivan na casa da tia Helena para uma pequena comemoração. Moravam em Vila Walqueire nessa ocasião e só eu não estava lá. Como estaria, não é? Eu não era filho dele.

Todos já tinham ido embora, quando minha tia Helena percebeu que ele não saía do banheiro. Foi lá mesmo que teve um enfarte. Ela o encontrou caído próximo do vaso sanitário. Assim eu soube do fato.

O tempo foi passando e coisas que aconteceram na família eu vou relembrando. Algumas perto, outras longe de mim, mas o momento exato em que delas tomei conhecimento, hoje, às vezes, eu relembro de outro jeito. Eu sinto saudade. O casamento de minha irmã Atlaim foi muito bom. Eu ficava admirando, já naquela época, o toca-discos. Tinha muita gente. A festa foi boa demais e minha irmã tinha 18 anos. O noivo era Antonio Barbosa, desde então o marido de minha irmã.

Além de Sérgio Murilo, tiveram outro filho, Gustavo, que faleceu em um desastre automobilístico por embriaguez. Foi um fato muito triste na família porque ele só tinha 21 anos. Sérgio Murilo ainda é vivo. Ele é o sobrinho que foi criado no dia a dia comigo e minha mãe Nair, porque minha irmã trabalhava fora e ele ficava com a avó.

Minha avó, mãe de minha mãe Nair, se chamava Francisca, mas todos a tratavam por "Catita". Tia Nazaré era casada com meu tio Osvaldo, tratado por Doca, irmão de minha mãe. Era ela quem, conforme me contaram, não se conformava com a decisão de minha mãe Nair, de esconder a minha origem e, ainda, obrigar o restante da família a manter esse segredo. Parece que minha tia Nazaré vivia cobrando a minha mãe a restituir minha história.

A oficina eletrônica do primo Rubério ficava nos fundos do quintal da casa em que a gente morava. Ele era um dos filhos dessa minha tia Nazaré com o tio Doca. Eu passava um bocado de tempo por lá observando o serviço dele, mas ali também funcionava a mecânica e lanternagem de automóveis.

Hoje é mais um sábado de entrevista com minha narradora e eu tenho uma novidade, porque ontem eu fiz contato por telefone com meu irmão Waldir e eu lhe participei sobre a minha biografia. Nós entabulamos conversa sobre a nossa história de família, e ele me contou coisas sobre o pai Heretiano. Natural que vivendo o dia a dia com ele soubesse mais sobre esse pai.

Contou-me que meu pai biológico era musicista. Que tocava muito bem o violão e se apresentava em regionais. Lembro-me de vê-lo sempre com o violão quando eu ia com meus pais João e Nair visitá-lo, mas não o vi tocar em regionais com os irmãos Ilma e Hilton, filhos do tio Sebastião.

Pedi que minha narradora conversasse com Waldir e passei os contatos. A conversa se mostrou produtiva, pois contou-lhe, por exemplo, que minha tia Helena não tinha somente dois filhos do primeiro relacionamento, mas três. Eu não conheci a Neusa que era irmã de Marlene e Nilson Ferreira.

Segundo Waldir lhe contou, não apenas Neusa faleceu de alcoolismo, mas também meu irmão Altamiro. Muito triste são essas lembranças, porque Altamiro deixou de pagar as prestações do terreno porque gastava o dinheiro com bebida alcóolica, e sua esposa procurou pelo pai Heretiano, que, segundo Waldir, era tão severo quanto seu tio João, o meu pai adotivo.

Ele disse à sua nora que fosse na empresa de ônibus Novacap, na qual Altamiro trabalhava como motorista, e lá falasse em nome dele, para que passassem, mensalmente, depois dos devidos descontos, o pagamento do filho para a esposa, de modo que não ficassem sem ter onde morar. E, segundo Waldir, assim foi feito. Eu não tinha conhecimento desse episódio.

A situação de dependência do alcoolismo se mostrava tão grave que, não raro, Altamiro era surpreendido indo trabalhar após ter ingerido álcool, o que, segundo o relato de Waldir, punha em perigo os passageiros, já que meu irmão Altamiro guiava, cotidianamente, um ônibus.

Do outro episódio ocorrido com meu irmão Altamiro eu já tinha conhecimento. Aconteceu quando envolveu uma indecisão entre dois transeuntes que atravessavam a rua, os quais não se decidiam quanto a se iam em frente e atravessavam a rua ou se voltavam para o outro lado. E titubeavam se iam ou vinham, no momento em que meu irmão Altamiro conduzia o ônibus naquele local.

Nesse momento de indecisão dos transeuntes, Altamiro acabou por esbarrar com o ônibus em um deles. Felizmente nada de sério aconteceu. Foi um grande susto para todos os envolvidos porque o pensamento da família vivia aflito devido à incompatibilidade entre o alcoolismo de meu irmão mais velho e sua profissão de motorista.

Outra lembrança de Waldir que eu não atinei, mas sabia, é o estado de origem do pai Heretiano e seu irmão: o meu pai adotivo João. Eram alagoanos. Entretanto, agora, isso me leva a refletir se minha mãe Durvalina, a qual me criou até meus três anos de idade, também não seria originária desse estado. Nem mesmo Waldir pode me ajudar quanto a minha mãe. Pouco se sabe dela, já que os assuntos referidos a ela tratavam mais do que se ocupava (era lavadeira) ou do vício que a vitimou (cirrose por alcoolismo). De certa forma, sua doença esconde sua pessoa. Afinal, quem era minha mãe Durvalina? Do que ela gostava ou não, para além do vício, ninguém sabe.

Quando minha narradora me pergunta com que idade minha mãe se casou e com quantos anos teve Altamiro, Ivan e eu, sequer um dos familiares vivos tem resposta para essas perguntas. Além disso, não ficou na memória familiar como Durvalina lidava conosco, os seus filhos Altamiro, Ivan e eu. Se alguém soube por meu pai João ou meu tio Heretiano de algo mais sobre minha mãe, não transmitiu ou também virou segredo, assim como eu era o segredo a ser guardado por todos. É por isso que acho que as pessoas precisam transmitir aos próximos suas histórias. E eu não tenho segredo. Fui um segredo, mas agora está revelado.

Waldir confirma a proibição quanto a revelar o meu parentesco com meu pai Heretiano e meus irmãos. Waldir também se lembra que fora proibido por sua mãe, Helena, que lhe revelou a história por causa de um incidente que lhe gerou algumas interrogações sobre o seu primo Zezinho (Seu José) e sua semelhança física com Ivan, a ponto de pensar se não seriam irmãos gêmeos.

Parece que estavam no ponto final do ônibus onde Ivan trabalhava como cobrador, mas ainda não havia chegado, e alguém chega e chama Zezinho de Ivan, pela grande semelhança entre os supostos primos, a ponto de se pensar que um era o outro. Desfeito o engano, Waldir chega em casa e conta à sua mãe, Helena, o ocorrido e lhe interroga que já havia reparado nisso. Pergunta-lhe, então, se havia explicação para Ivan e Zezinho serem tão parecidos, a ponto de serem confundidos um com o outro. Só aí é que ele fica sabendo da verdade, sendo-lhe proibido contá-la a José (Zezinho). Caso o fizesse, lhe disse sua mãe, Helena Evangelista, teria que se haver com o pai. Ou seja, o mesmo pai de José, o qual muitos familiares tratavam por Zezinho. Essa parte da história foi contada por meu irmão Waldir, por telefone, à minha narradora.

Waldir, então, lhe fala que o pai era muito severo e que ele apanhou muito. Era uma obediência imposta que acatavam com medo da correia do pai.

Atualmente Waldir, meu irmão, um dos filhos do meu pai com a tia Helena, reside em Fortaleza e tem contribuído com suas lembranças para a minha biografia. Sou agradecido.

Waldir é carioca e conheceu sua esposa há muitos anos, quando ela veio com a mãe conhecer o Rio de Janeiro. O relacionamento tornou-se sério, se casaram e viveram algum tempo no Rio, mas devido a uma fase difícil em que ficou desempregado, o pai da moça propôs a Waldir mudarem-se para o Ceará, onde lhe seria garantido o emprego. Waldir confessa que mudou sua vida para o novo estado e até os dias de hoje não se arrepende. Tem três filhos com vida independente e netos, os quais auxilia nos cuidados diários para que os pais possam trabalhar.

Waldir relatou que um dos seus irmãos da mesma mãe e pai, em certo período, ficou também desempregado sem saber o que fazer diante das tentativas frustradas de retomar o trabalho. Foi quando sugeriu que ele (Reginaldo) partisse também para Fortaleza, onde vive atualmente. Lá este irmão veio a enamorar-se da cunhada de Waldir, uma vez sendo correspondido, casaram-se. Casado, conseguiu emprego e também escolheu o estado do Ceará para viver com sua família.

Talvez, quem sabe, ainda surjam novas lembranças? Para mim, boas lembranças. Acreditava em quem eu era e não tinha dúvidas quanto a isso. Acho mesmo até, hoje, que tenho o jeito do meu pai João, porque encaro, em muitos pontos, a vida com a mesma seriedade que ele. Com uma diferença: eu aprendi a sorrir.

1. SOBRE O MEU PAI ERETIANO

Sobre o meu pai biológico, com o qual não convivi como pai, mas sim como tio, após tomar conhecimento da minha origem, fui me aproximando com novo olhar dos meus irmãos. Ivan, quando ainda era vivo, e, mais recentemente, Waldir me contaram com mais detalhes muita coisa que eu não sabia deles e sobre eles, os meus irmãos.

Tanto Ivan como Waldir eram cobradores. O Ivan da Viação Nova Cap, que fazia as linhas 916 e 917. Já o Waldir era da Viação Choupal, que fazia a linha 285, da Vila Walqueire até o centro da cidade.

Pelo Ivan, eu já sabia que o pai era solista de violão e que, inclusive, participou de programas de calouros na tv com Ilma, que imitava a Angela Maria, e Hilton, que cantava com ela. Eles eram filhos do tio Sebastião.

Meu pai biológico tinha uma música preferida: "Sonhos de carrilhões" ou "Carrilhões de emoções". Preciso me lembrar ao certo o nome, mas sobre o compositor eu não sei mesmo. Waldir me contou que nosso pai se apresentava como solista também em regionais e ganhava até prêmios nessas apresentações. Eu não sabia disso, porque tocar o violão na minha frente ele tocava, quando eu ia lá em Marechal Hermes, mas eu mesmo não tinha a ideia do artista que ele era. Meu pai era um musicista solista de violão muito importante. Só vim a saber disso agora a bem pouco tempo, pelo Waldir. Conversamos muito por telefone e ele contou-me esses detalhes que eu não sabia.

Meu pai biológico também era muito chato com a mãe do Waldir, a tia Helena, pois se ela tirasse alguma coisa do lugar ele se importava. Ele queria ver tudo nos mesmos lugares e minha tia Helena tinha que limpar e por tudo no lugar exatamente como estava. Se minha tia Helena tirasse ou mudasse alguma coisa, era a maior briga, e tinha que retornar tudo aonde estava. Ele também era chato com a comida e estipulava o que era para fazer no dia a dia. Ou seja, ele também controlava o cardápio.

Durante longos anos, mesmo após Seu José já saber sobre a sua origem, os supostos primos ainda guardavam dúvidas quanto a como se comportar com ele, pois se sentiam incomodados, ainda, quanto a revelar a José outras partes da história, da qual, durante tanto tempo, haviam sido proibidos de cogitar falar a ele qualquer detalhe. É o que conta o seu irmão Waldir.

Seu José lembra-se de que, mais efetivamente, isso ocorre a partir de 2003, quando Ivan lhe faz um visita no mesmo ano em que ficou viúvo e lhe diz que vai reunir os outros irmãos para contar-lhe mais detalhes da história dele. E a partir de então, Seu José se reúne com os familiares de outro jeito. Finalmente, ocorre o reconhecimento tanto de seus irmãos Ivan e Altamiro, enquanto seus irmãos maternos e paternos, quanto os irmãos paternos, filhos de seu pai biológico com Helena Evangelista.

A proximidade de todos e o convívio entre eles, que sempre foi facilitado pelo temperamento ameno e tolerante de "Zezinho", os aproximam ainda mais, segundo o irmão Waldir. Inclusive revelando o modo como todos a ele se referem, em família. Para o irmão Waldir, sendo uma pessoa de convívio fácil, Zezinho (Seu José) só contribui para que ele vá tomando posse daquilo que sempre lhe pertenceu: sua história com seus irmãos.

Durante a entrevista de 20 de agosto deste ano (2022), logo após a semana do dia dos pais, Seu José conta que assistiu à missa dos pais em companhia de Joaninha, sua esposa. A igreja de São Dimas, aqui em Padre Miguel estava lotada, mas Seu José diz que estava em um dos bancos bem na frente. Então, ele me diz assim:

— Aconteceu uma coisa surpreendente nessa missa. Foi assim: o padre chamou aqueles que fossem pais a tomarem a frente do altar, em certo momento da celebração, por conta do Dia dos Pais. E eu não fui, afinal, eu não tive essa felicidade. Tive outras, mas essa não.

O padre abençoou os pais com água benta lembrando a importância da paternidade. Só que, no final da missa, ele se aproximou de mim e me perguntou:

— Por que o senhor não foi lá para a frente como os outros?

Ao que lhe respondi logo que eu não era pai. Foi então que ele me surpreendeu dizendo:

— Mas o senhor é filho, não é?

— Sim — respondi.

— Como é o nome do senhor?

— José — eu lhe disse.

— Pois, então, Seu José! Onde estiver um filho, o pai está presente.

— E eu fiquei muito emocionado com as palavras dele, especialmente pra mim. E ainda mais, porque ele repetiu o mesmo gesto de me abençoar com a água benta do mesmo jeito que fez com os outros.

— Que bonito o gesto desse padre, Seu José! Como é o nome dele?

— Eu não sei. Só fui acompanhar Joaninha na igreja de São Dimas[2] aqui pertinho. Ela queria ir na missa dos pais.

Nesse mesmo dia de entrevista com o tema da paternidade, falou um pouco de como experimentou o lugar de filho com seus padrinhos e tios, da forma afetuosa que sentia por parte deles, a atenção que recebia, tanto que em nenhum momento desconfiou que não eram seus pais biológicos. Foi falando desse assunto que Seu José teve dúvida em relação ao nome de seu pai biológico, se era ou não escrito com H na frente. Para ele, José Heretiano. Então resolvemos ligar para seu irmão Waldir, um dos filhos da terceira esposa de seu pai biológico e tirar a dúvida, quanto ao h na frente da letra e.

Foi aí que Seu José foi mais uma vez surpreendido porque Waldir não só informou que o nome do pai deles não tinha a letra H, mas que Eretiano era o primeiro nome do pai biológico deles. E que Seu José invertera, já que o correto é Eretiano José de Melo. Seu José, então, me fala:

---

[2] O local da igreja é o bairro Padre Miguel, no Rio de Janeiro.

"Mais uma coisa que eu fico sabendo do meu pai Eretiano".

Interessante notar que o que Seu José não se dá conta é que, muitas vezes, fez referência ao pai biológico como pai Eretiano e não pai José. Quando não o fazia, antes dessa correção por Waldir, com os dois nomes um seguido do outro.

A conversa com Seu Waldir, pelo WhatsApp, é mais uma vez cheia de ternura e cuidado com o irmão paterno e, como sempre, contribui para enriquecer com detalhes a biografia de Seu José. Zezinho, como ele o trata. Pergunta pela saúde do irmão e demonstra sua preocupação com sua saúde. Seu José, por sua vez, o felicita pelo Dia dos Pais, se desculpando por estar uma semana atrasado com as felicitações, ao que Waldir lhe diz nem comemorar datas festivas em sua casa. Um costume que aprendeu com a esposa.

CAPÍTULO II

COM-VIVER EM FAMÍLIA, ESCOLA E TRABALHO

Estudei na Escola Quintino Bocaiúva, na Rua Vital, 152, bairro Quintino, Rio de Janeiro. Lembro-me de algumas professoras: Otília, Teresinha Sgarbi e Custódia. Esta última batia com a régua nos alunos. Entretanto, a professora Teresinha Sgarbi sempre ficava com os alunos que não podiam voltar para casa, quando, por qualquer motivo, a professora desses alunos não comparecia.

Lembro que fiquei algumas vezes com a professora Teresinha Sgarbi. Era muito querida pelos alunos e por mim, especialmente porque ficava com alunos que não eram os seus, isto é, por pura consideração.

Quando comecei a repetir ano na escola, e eu repeti por duas vezes, meu pai João me advertiu quanto a que eu pensasse em alguma profissão. Mas até chegar a essa fase difícil, eu tirava notas boas, tinha bom comportamento na escola e era muito querido por minhas professoras. No entanto, eu sempre tive muita vergonha de falar porque era muito tímido. Agora eu penso que não era porque não quisesse falar, e sim porque eu tinha medo de dizer o que pensava ou sentia.

Como adulto, passei a falar "pelos cotovelos", mas naquela época eu tinha medo de tudo e meu pai João, com sua rigidez, me fazia sentir mais medo ainda.

Eu estudei até o último ano do antigo curso de admissão e tive apenas uma professora que dava medo aos alunos, a tia Custódia. Ela colocava tanto os alunos ajoelhados em milho quanto batia com a régua nas mãos ou na cabeça deles. Tinha um aluno, chamado Luís Guilherme, que era rebelde e não aceitava estar errado como a professora dizia que ele estava. Então, apanhava quase todos os dias de régua, quando não estava ajoelhado no milho.

Dona Otília e Teresinha Sgarbi eram muito queridas e não batiam nos alunos. Eu adorava ficar na sala da Teresinha Sgarbi, mas aprendi a ler e escrever com Dona Otília. Eu era muito bem comportado. Por isso nunca apanhei de régua porque eu era obediente. Até ganhei uma medalha de honra ao mérito que tinha uma fita azul por causa disso.

Alguns colegas de classe fugiam pelo muro quando a professora deles faltava. Não aceitavam ficar na sala da Teresinha Sgarbi. Teve até um episódio que contaram na escola que aconteceu em um dia em que eu não quis ir com eles. Por isso, eles me xingaram de "mariquinha", dizendo que eu era "mulherzinha".

Soube depois que eles pularam o muro e foram à praia. De Cascadura eles foram para o Recreio dos Bandeirantes, tomaram uma onda de redemoinhos com correnteza e quase morreram afogados. Passado o susto, voltaram a fazer "das deles"![3]

Eu nunca pus um cigarro na boca. Nas coisas que alegravam esses colegas eu não via graça alguma. Para eles, eu não podia ser do grupo deles porque não fumava nem gazeteava aula. "Mas o que é que eu podia fazer se não via graça alguma naquilo que eles faziam?". Eu via graça mesmo era na habilidade que Ivan tinha em fazer carrinhos de rolimã. Ele fazia com carroceria, freio e tudo. E o dia que meus pais adotivos me levavam para Marechal Hermes era tudo de bom, porque a gente se divertia muito com os carrinhos de rolimã que meu irmão Ivan (à época: primo) construía.

Meu pai chegou um dia e me disse, quando eu entrei para a escola:

"O dia em que você aprender a ler e escrever você vai ganhar um relógio e um anel de ouro com suas iniciais JLM. Fiquei muito feliz porque isso aconteceu".

Meu pai era exigente. Sim, isso ele era e muito! Por exemplo: eu tinha que escrever em linha reta e letra caprichada e eu não conseguia. Mas também me agradavam essas coisas que ele falava pra mim, porque ele falava e cumpria.

---

[3] Expressão transmitida "de boca em boca" e já faz parte da linguagem popular, do mesmo modo que a anterior "falar pelos cotovelos".

Foto 1 – Modos de escrita – Listagem de serviços

Fonte: Arquivo pessoal do biografado (s/d)

    Meu pai achava que eu fazia garrancho e fora da linha. Foi então que eu tive a ideia de treinar com a "reguinha", até conseguir equilibrar minha mão com a caneta na linha com uma letra que o meu pai gostasse. Fiz por isso muitos cadernos de caligrafia para melhorar a letra. Mas o que resolveu mesmo foi quando descobri essas "reguinhas" que vêm com letras, desenhos e números vazados. É só você passar a caneta ou o lápis por dentro.

    Essas "reguinhas" fazem parte da minha rotina até hoje.

    Tenho o costume de fazer letras e números com elas e meus desenhos de circuitos também.

Foto 2 – Desenho de circuito

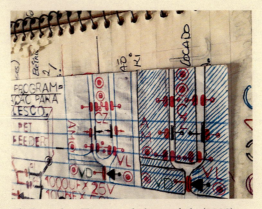

Fonte: Caderno de Desenhos Técnicos do biografado (2009)

Entretanto, escrevo muito bem sem as "reguinhas" nessa altura da minha vida.

Repetir ano é muito ruim. A matemática era muito difícil e não entrava na minha cabeça. Meu pai não me batia porque eu não aprendia, ainda bem! Eu não conseguia armar a conta do jeito certo e trocava se era da esquerda ou da direita que começava. Só vivia me confundindo com isso.

Minha narradora me pergunta se antes eu lidava com a noção de unidades, dezenas e centenas. Ela até me fala de um tal recurso que se chama "material dourado", o qual as crianças devem manusear o concreto antes de partir para o abstrato, o que ela diz que seria o processo de a criança vivenciar essas noções na organização das parcelas de uma conta brincando primeiro com chapinhas, miniaturas, palitos etc. E com esse material dourado[4], principalmente. Mas eu não me lembro de nada disso, a não ser os vários tipos de conta de somar, subtrair, multiplicar e dividir, e do que a gente usava mesmo que eram os nossos dedos para contar.

Quando repeti pela segunda vez, meu pai me chamou e me falou assim: "Se você não quer estudar vai me ajudar no trabalho até eu arrumar um emprego pra você". É quando tem início a minha formação profissional e descubro a minha vocação.

2. INICIAÇÃO, CONVIVÊNCIA E VOCAÇÃO PROFISSIONAL

Minha vocação eu pensava que era a mecânica de automóveis. Eu observava esse ofício porque tinha na minha rua uma oficina de lanternagem e eu via o reparo de alguns veículos e achava que aquilo era valorizado. Então, eu ficava analisando possibilidades de ser

---

[4] Recurso pedagógico que o professor do ensino fundamental emprega para ensinar e que pode ser identificado pelos cubinhos, barrinhas, placas e cubo, cada um dos quais representam as unidades, dezenas, centenas e milhar, respectivamente. Importante para facilitar o raciocínio numérico do iniciante em relação ao sistema de numeração decimal. É, inclusive, vendido nas lojas (referências, por mim mesma, a narradora, pois como professora conheço esse recurso didático e dele já me servi no início da minha formação no magistério).

lanterneiro também. Certas lembranças me vêm ao mesmo tempo de momentos diferentes da minha vida. "Digo o que me lembro e é assim que vou te contando".

Minha mãe Nair e minha vó Catita se preocupavam muito porque eu não tinha namoradas. Eu já era jovem e em casa a conversa de minha mãe girava em torno dessa preocupação e "batiam sempre na mesma tecla"[5]. Muito mais minha vó Catita, que falava sobre isso, embora minha mãe me falasse do seu desejo de me ver casado, antes de ela partir desse mundo.

Só que eu ainda não pensava nisso. Vivia na oficina eletrônica do meu primo Rubério, filho da tia Nazaré com tio Doca (o tio Oswaldo, que era irmão da mãe Nair), no fundo do quintal da sua casa. Minha esperança de ser mecânico foi afastada lá atrás, por volta dos meus nove anos, quando o médico suspeitou que eu tivesse sopro no coração. Lembro de o médico me perguntar o que eu queria ser quando crescesse. Ao ouvir de mim que "eu queria ser mecânico", com muito carinho sugeriu que eu devia procurar algo com menos esforço, devido à suspeita de uma doença que me fazia tossir, sentir-me cansado e com dor de cabeça naquela ocasião. Só que o médico não fechou o diagnóstico, justamente porque ele já tinha visto regredir a doença em casos como o meu. Era seguir o tratamento e evitar esforço.

Na juventude eu já não desejava ser mecânico, mas meu coração seguia firme. Eu já não tossia nem me sentia cansado e meu pai me cobrava pensar em uma profissão a partir de minha segunda repetência, que foi quando ele me tirou da escola. Realmente, a matemática me vencia mais um ano.

A Filmoletras era uma empresa pequena que permitiu que eu lá trabalhasse como mensageiro, a pedido do meu pai. "Já te contei, não contei? Que o Senhor Rui não assinava a carteira e o meu salário", que foi acordado diretamente com meu pai, deu um problema danado porque meu pai precisou ir até lá para confirmar o que já lhe tinha dito várias vezes. "Ele não tinha pagado". Ele me tirou de

---

[5]   Expressão popular indicativa da repetição de um assunto.

lá porque preferiu assim, até que outra oportunidade surgiu na Shell do Brasil, onde meu pai conhecia o Seu Sanchez, um dos diretores, e foi a ele que meu pai pediu uma oportunidade pra mim.

Mesmo dizendo a meu pai que naquele momento só estava precisando de datilógrafo, ofereceu outra alternativa que o meu pai aceitou. Então, o meu serviço era de *office boy* (chamado na época de contínuo), uma espécie de mensageiro que leva a documentação da empresa de um lugar para outro.

Funcionava em um prédio da Avenida Rio Branco; no décimo andar do número 109. De lá, só saí para o meu primeiro emprego de carteira assinada na Projefilm, o que me deixou muito feliz. Lá, eu aprendi a tirar cópias porque sempre fui muito observador, mas não podia operar com as máquinas porque não podia mexer com substâncias só permitidas aos maiores de idade, como a amônia, combustível necessário ao funcionamento da máquina copiadora.

Esse foi um período marcante em minha vida e que me abriu a porta para eu trabalhar onde mais gostei, que foi como técnico em eletrônica na Veiga Som.

Na Filmoletras e Shell do Brasil, então, foram empregos sem carteira assinada. Eu era menor de idade. Com 16 anos, na Shell do Brasil fui aproveitado como *office boy*, fazendo a entrega de correspondência para a empresa.

Lembro-me de que os mensageiros recebiam números um, dois, três. Eu era o número quatro. E quase sempre eu era chamado na frente dos outros. Nessa hora, os outros mensageiros ficavam enciumados porque eu não me recusava a ir na frente dos outros e me chamavam de "puxa-saco". Mas eu só estava fazendo o que meu pai João me orientava. Ele dizia assim: "Meu filho não recuse trabalho nenhum. Esteja pronto para o que precisarem que você faça. Você só vai aprender mais com isso." A Triunfo copiadora também, quase ia me esquecendo que trabalhei lá apenas um mês. Lembro-me que trabalhei dois períodos como aprendiz, com carteira de menor de idade, na Projefilm, onde foi também meu primeiro emprego como maior de idade, somando um total de três anos de trabalho. Entretanto, quando estava próxima minha apresentação ao serviço militar, a Projefilm me dispensou e me recontratou tempos depois.

Foto 3 – Este sou eu na Projefilm, já maior de idade, como copista heliográfico

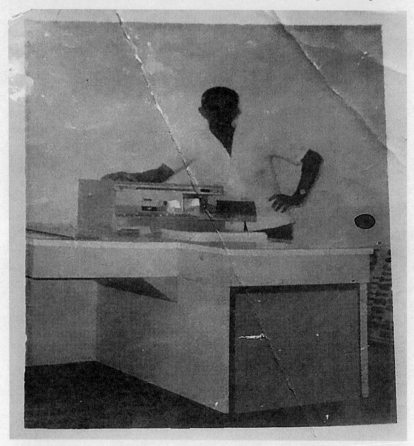

Fonte: Álbum de fotografias do biografado (1969)

Houve um período de espera em que eu estava "parado"[6], então eu trabalhei curtos períodos em ocupações que apareciam, enquanto eu não me apresentava no quartel.

---
[6] Ele quer dizer que estava desempregado.

A Triunfo foi uma pequena empresa que um conhecido, o Mário Paulo, abriu depois que começou a prestar serviço para a Standard Electric. Antes, ele utilizava o serviço de outra copiadora: a Projefilm; para atender à demanda dessa empresa. Com o tempo é que ele comprou um ponto e abriu a própria copiadora em vez de alugar o serviço de outra copiadora para tirar as cópias para a empresa para a qual prestava serviço. Daí em diante, ele quis ter um negócio próprio com copiadoras e eu trabalhei pra ele.

Eu não sei como ele conseguiu trabalhar para a Standard Electric. A princípio, eu sei que ele "pegava"[7] os originais dos engenheiros elétricos, e tirava cópias dos projetos, requisitadas por esses engenheiros. Eu só trabalhei com o Mário Paulo muito pouco tempo.

Quando fui contratado pela empresa Copy Projefilm Importadora e Locadora Ltda., foi que comecei meu aprendizado em Eletrônica na Electra Rádio e Televisão S.A., em três fases: a básica, a intermediária e a superior.

Foto 4 – Carteirinha do Curso de Técnico em Eletrônica

Fonte: Arquivo pessoal do biografado (1963)

---

[7] Recolhia para tirar cópias.

Como eu trabalhava como aprendiz, o meu patrão sabia que eu tinha direito a estudar parte do período de trabalho. Então, combinamos que eu sairia nos dias do curso meia hora mais cedo para chegar à aula no horário. Assim, tanto eu prosseguia trabalhando quanto estudando, pois o curso tinha a duração de dez meses corridos.

Eu pagava o curso com o meu salário e não achava cara a mensalidade. O ordenado que eu recebia eu dava todo na mão do meu pai e era ele quem me dava a minha parte. Inclusive para eu me divertir nos finais de semana. Era meu pai quem achava que tinha que ser assim, para eu aprender a lidar com o dinheiro e não me tornar um gastador irresponsável.

Eu sempre aceitei as ponderações do meu pai sem reclamar, porque eu via ali um bom propósito no que ele queria pro meu futuro.

Na fase superior do curso, durante as aulas práticas, eu optei por fazer a mesma coisa que eu fazia no curso, em casa. Comprava os mesmos materiais que eram necessários às aulas práticas, e reproduzia o mesmo aprendizado de cada aula, fazendo as mesmas conexões, sozinho em casa, e até passei a desenhar os circuitos. Dessa forma, eu fixava melhor os conhecimentos e podia levar para a aula seguinte as dúvidas que surgissem.

E foi assim que eu fui montando um rádio para meu pai. Ele não acreditava que eu pudesse aprender e eu queria provar o contrário pra ele. Não sentia nenhum sentimento de revolta, rebeldia, mas eu queria, sim, desmentir aquelas palavras dele de que eu desistisse daquilo, que não era pra mim.

Então, chegou o dia, se me lembro bem, no ano de 1964, em que eu dei o rádio que eu montei pra meu pai. Ele ligou e o rádio funcionou perfeitamente. Mais ou menos duas horas depois não saiu som no autofalante.

Quando eu coloquei o ouvido, que na época funcionava perfeitamente, o som estava no transformador, mas não se reproduzia no autofalante. Teve só esse probleminha. Fui numa oficina lá de Cascadura e era uma "bobagem", um mal contacto. Eu não sabia que devia raspar o esmalte do fio de cobre. O técnico mais experiente da oficina me orientou e eu raspei o esmalte do fio de cobre e o rádio voltou a funcionar perfeitamente.

Meu pai tanto me agradeceu como me pediu perdão por ter me xingado tantas vezes de "burro"[8]. Foi um reconhecimento que me alegra a alma até hoje, porque eu apenas queria agradá-lo. O rádio não deu mais defeito. Tanto que, quando o pai faleceu em 1971, eu levei o rádio para o meu irmão Carlos, mas antes adaptei uma caixa acústica. Ele, assim como o pai e eu, sempre gostou muito de escutar rádio. Lembro muito de acompanhar aquela novela "Jerônimo, o herói do sertão!".

A Triunfo copiadora (um mês apenas como copista) surge quando me aborreço na Projefilm, porque lá também eu era copista, operador heliográfico. Contudo, como eu havia consertado e trocado algumas peças com defeito que geravam problemas elétricos a pedido do Senhor Miranda da Projefilm, isso estava se tornando habitual. Então, eu acumulava essa função porque eles achavam que eu tinha que consertar o problema elétrico sem ser remunerado como eletricista. Os donos eram muito rudes e achavam que era minha obrigação fazer o serviço que aparecesse, independentemente do que constava na minha carteira de trabalho.

Eu estava na empresa há uns três anos. Só que um período foi enquanto eu era menor de idade. Depois que me deram como incapaz para o serviço militar, eu retornei e reivindiquei meu trabalho de volta. Eles me aceitaram, pois estavam sempre precisando de copista, naquela época. Mas como eu poderia trabalhar como eletricista, se ali eu era copista? Foi aí que eu disse que deveriam pagar-me também por isso. E, como não houve negociação possível, eu pedi minhas contas.

Fui para a Triunfo ganhando pela mesma função e jornada de trabalho; 150 mil cruzeiros, quando eu ganhava setenta na Projefilm. Da Triunfo fui na Copiadora GB visitar o amigo Nilton e lá o gerente Valdomiro quis saber por que razão eu havia saído da

---

[8] Tratamento ofensivo que desqualifica a pessoa comparando-a a um animal irracional. Deve-se refletir que é inadequado e inapropriado.

Projefilm (interessado em me contratar), pois estava precisando de operadores para suas máquinas, e (tendo me dado razão) me fez uma proposta de trabalho que superava o que eu ganhava antes, o que a Triunfo se recusou a cobrir. Então, eu pedi as contas e fui trabalhar para a GB copiadora. De 150 mil cruzeiros passei a ganhar 220 mil pela mesma jornada de trabalho. Permaneci nessa empresa também em torno de três anos.

Com a chegada das máquinas americanas Xerox, a Xerox do Brasil convocou os copistas a fazerem os cursos necessários para operar as novas máquinas. Essa era a exigência da empresa Xerox do Brasil e o diploma tinha que ser expedido após a realização do devido curso na empresa. Foi na GB copiadora que eu comecei a lidar com essas máquinas que conseguiam tirar até três mil cópias por dia.

Tinha um rapaz que todos os dias pela manhã ia tirar cópias de desenho eletrônico e entabulamos conversa sobre o meu conhecimento em eletrônica, e é justamente este rapaz quem me convida a conhecer a Veiga Som e promete falar com o patrão dele, o Marco Antônio, e lhe dizer precisar de um ajudante. Esse rapaz se chamava Dalton e eu trabalharia diretamente com ele, o mesmo que ia diariamente tirar cópias dos esquemas eletrônicos lá comigo na GB copiadora.

Dalton precisava de um ajudante porque se dividia em dois locais de trabalho, pois também trabalhava nos Correios e Telégrafos e não podia trabalhar o dia todo na Veiga Som.

O chefe dele, o Marco Antonio, me faz, então, uma proposta de salário irrecusável: setecentos mil cruzeiros, quando eu ganhava duzentos e vinte. Passei a proposta para meu chefe na GB e sequer quis ele igualar o meu salário com outro funcionário mais antigo que ganhava 30 mil cruzeiros a mais. Foi então que pedi as contas da GB[9] e fui para a Veiga Som (Veiga e Companhia).

Só no primeiro mês de trabalho, eu te digo nunca ter visto tanto dinheiro na vida. Consegui fazer 1.200, pois recebia comissão além do salário. Tinha 23 anos de idade e me iniciava como Técnico

---

[9] Copiadora Guanabara.

em Eletrônica. Trabalhei nessa empresa de 1976 a 1982. Fui mandado embora em 1983 porque abriram outra loja chamada Só Som. Então, me explicaram que era preciso ser mandado embora para ser recontratado pela nova loja que tinha outro nome fantasia. Isso não tive problemas para aceitar porque não me senti prejudicado. Essa loja Só Som ficava no Méier e eles expandiam por vários bairros no Rio e até abriram uma loja em Niterói.

No ano de 1964, eu trabalhei durante um mês no escritório da firma Vieira Marinho Madeiras e Material para construção, na função de atendente ao telefone. O meu patrão era primo do senhor Leo Monassa, da Projefilm, onde eu já tinha trabalhado como aprendiz. E isso acontece um pouco antes de eu me apresentar ao quartel. Depois disso, eu fui trabalhar na Elétrica e Roduel Baterias, que ficava na Rua Campos Sales, 16, esquina com a Rua Hadock Lobo, onde era o campo de futebol do América Futebol Clube, na Tijuca. Eu trabalhei nesses dois lugares, antes de voltar a trabalhar na Projefilm.

Eu não lembro ao certo se nesse último local de trabalho eu já tinha ou não me apresentado ao serviço militar.

O fato é que eu já era técnico em áudio e tv quando me apresentei ao quartel e, inclusive, durante a entrevista com o oficial do Exército, eu lhe disse que gostaria de servir e, se fosse possível, contribuir com o setor de comunicação. Contei-lhe sobre minhas habilidades como técnico em eletrônica. Mas não fui aprovado no exame físico.

No decorrer dos acontecimentos da vida, não sei como fui parar na Yume, que era uma oficina eletrônica de reparos, próxima da praça Nossa Senhora da Paz, em Ipanema. Meu compadre Cláudio nessa época estava desempregado e fazendo biscates, se revezando tanto durante o dia no açougue desossando carnes, quanto à noite, até um certo horário, vendendo pipocas para manter sua família.

Foi aí que o patrão disse que precisava contratar um motorista pra revezar com ele e eu lembrei da situação do compadre, e logo disse que conhecia um. Levei o Cláudio até lá, e pra surpresa nossa o patrão mudou de ideia assim, de uma hora pra outra. Decidiu que seria melhor o compadre ser meu ajudante. Mas ele não entendia nada daquilo e eu falei sobre isso. Disse ao compadre que eu ia ajudá-lo. E assim eu fiz. Fui mostrando a ele como trocar certas peças dos aparelhos. E o compadre aprendia depressa.

Eu dizia assim: "Olha, Cláudio, como esta peça com defeito está. Observa pra recolocar do mesmo jeito". E assim o tempo foi passando e a gente ia levando o dia a dia de trabalho. O problema foi que o patrão era um tanto preguiçoso e passou os serviços dele para meu compadre, criando um problema. Fato foi que acabei eu ficando assoberbado.

Tempos depois saí de lá e o Cláudio ficou preocupado, mas disse-lhe que contasse comigo, pois eu queria retomar o meu emprego na Veiga Som e consegui. Eu sempre fui um apaixonado por som. Essa é que é a verdade. Se for som grave, então, "nem se fala"[10]!

Interessante como é a vida. Quando o Marco Antonio me recontratou, ele me falou que estava com problema com o encarregado de entrada e saída dos aparelhos, pois ele estava enchendo cada vez mais as prateleiras de aparelhos com defeito e não via grandes saídas de aparelhos consertados, o que lhe estava "dando nos nervos"[11].

Pediu-me referência de alguém, pois estava decidido a dispensá-lo. Nesse ponto, eu confiava muito na competência do compadre Cláudio, o qual, naquela época, ainda não era casado nem tinha filho.

Não teve jeito, eu assumi o trabalho na Veiga Som e o Wanderlei continuou dando "dor de cabeça"[12] pro Marco Antonio. Ele enchia a oficina e achava que eu tinha que consertar qualquer coisa. Ele não tinha uma organização. Foi aí que o patrão mandou mesmo o Wanderlei embora e me perguntou se eu conhecia alguém e eu indiquei o Cláudio.

---

[10] Esta é mais uma expressão popular como o sentido de enfatizar a preferência maior de Seu José pelos sons graves.

[11] Seu José sinaliza com esta expressão a irritação crescente do patrão com a atitude recorrente do funcionário.

[12] O sentido desse termo nesse contexto indica problema.

Meu compadre se identificou bastante com o trabalho de controle dos aparelhos e eu mesmo estava subordinado ao Cláudio no cotidiano de trabalho. O Cláudio passava a ganhar, além do salário, comissão pela agenda de serviços executados. Tive, nesse momento, uma surpresa. O amigo chamou nosso patrão, o Marco Antonio.

E sabe como era o Marco Antonio? Ele era um cara que parecia "sofrer do fígado"[13] como os antigos sempre diziam das pessoas que só vivem mal-humoradas.

O Cláudio lhe disse, então, que era seu desejo dividir pela metade sua comissão, cedendo-me a outra parte. O Marco Antonio lhe perguntou se ele queria fazer aquilo mesmo. E ele confirmou, de modo que não se opôs.

"Você imagina como ele melhorou o meu salário?".

Nunca esqueci dessa prova de amizade, afinal não era pouca a comissão dele. Só um amigo teria essa ideia. No outro dia mesmo, eu conversava ao telefone com o compadre e lembrei dessas passagens da nossa vida.

"Sabe como eu me tornei compadre do Cláudio?". Foi assim: Ele vivia ao telefone falando com alguém e a turma do trabalho mexendo com o Cláudio, afirmando que ele estava enganando alguma menina com a lábia e a aparência bonita dele. E mexíamos sempre com ele, dizendo que ele namorava ao telefone. Foi nessa época que o Cláudio estava realmente interessado em alguém, a comadre Neide (atualmente falecida), e me disse que ia sim se casar com ela. E disse que se isso acontecesse, como uma aposta, perguntou-me se eu aceitaria batizar o seu primeiro filho. E não é que aconteceu?

Nasceu o Marcelo, que é o meu afilhado com todo prazer.

Tiveram mais dois filhos, o Marco Antonio e o Eduardo, o caçula. Minha amizade com o compadre é muito bonita. Eu tenho alguns afilhados (cinco, ao todo). É sempre uma alegria quando se lembram de mim. O Marcelo é um dos meus afilhados que me procura bastante e eu me sinto muito satisfeito com isso.

---

[13] O próprio Seu José esclarece, em seguida, o que diz.

CAPÍTULO III

O VALOR DO ESCRITO

Escrever pra mim serviu para eu observar melhor o projeto dos serviços a reparar, assim como observar melhor onde mexer para o aparelho funcionar melhor. Fazer o desenho do circuito defeituoso é completamente diferente de apenas confiar na memória.

Em matéria de circuitos é superdifícil provar para nossa memória que ela errou, enquanto o desenho que se faz com detalhes evidencia o erro que é demonstrado na hora de pôr o aparelho já consertado para testar. Se o desenho do circuito teve alguma falha e o aparelho não funcionou, então o erro estaria em outra parte do circuito daquele aparelho. Então, ou se fez uma análise equivocada do erro ou se inverteu alguma conexão diferente do desenho que serve de suporte para realizar o reparo.

Foto 5 – Meus desenhos técnicos de circuitos

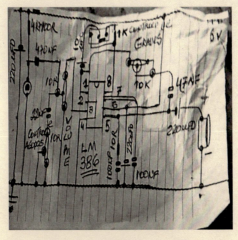

Fonte: Caderno de rascunhos de desenhos do biografado (s/d)

Um dia, meu pai implicou com minha letra. Ele queria que eu escrevesse em cima da linha e eu não conseguia. Então, vi em uma "reguinha" a oportunidade para equilibrar as letras na linha, de modo que meu pai se agradasse da minha escrita. Acabei me acostumando a escrever com a "reguinha" embaixo da linha, mesmo agora que já não preciso de prumo para minha mão escrever na linha reta do caderno pautado.

Foto 6 – Coleção de canetas coloridas

Fonte: Caixa de utensílios diários do biografado (s/d)

Adotei a escrita como modo de lidar com o meu dia a dia de trabalho, de reparos em aparelhos eletrônicos, lista de endereços de clientes que me contratavam serviços, sem esquecer de um caderno à parte para os relacionamentos pessoais e familiares.

Foto 7 – Ilustração exemplar de uma página de controle de clientes e reparos

Fonte: Anotações de caderno do biografado (2005)[14]

Foto 8 – Página exemplar de anotações de envio e recebimento de mensagens

Fonte: Anotações de caderno do biografado (2007 e 2008)[15]

---

[14] Caderno de anotações de serviços técnicos de reparo do período de 1977 até 2020.
[15] Caderno de anotações de envio e recebimento de mensagens. Início em dezembro de 1986.

Como eu me aposentei no ano 2000, eu criei a "Sociedade de técnicos autônomos" e passei a registrar também para o meu atendimento aos clientes, que tipo de aparelho e que reparos eu realizava. A princípio, eu fiz a sociedade com um rapaz que estabeleceu comigo "meio a meio" na sociedade.

A partir de certo momento, quando fizemos um trabalho juntos e um montante de 12 mil reais, ele gastou toda a parte dele e entrou na minha parte e só deixou mil reais na conta. Além disso, distribuiu cheques na praça em nome da sociedade. Foi, então, que eu retirei o nome dele da sociedade que eu havia criado e lhe comuniquei: "O mal se corta pela raiz". Disse-lhe o quanto era irregular ele sair distribuindo cheques na praça sem me consultar. E eu segui sozinho. Foi por isso que a sociedade passou a ser só no meu nome.

Essa foi uma época em que eu trabalhava como autônomo e precisava do controle de todos os serviços. Assim, eu tinha necessidade de fazer as anotações dos reparos que eu fazia, e dos endereços das casas ou apartamentos aonde eu ia realizar os reparos nos aparelhos eletrônicos que eu consertava: rádios, televisores e aparelhos de som.

— Mas sabe como é? O progresso trouxe aparelhos novos e outra forma de reparo começou a tomar conta do mercado. Muito mais rapidamente as coisas que a gente compra já não servem, porque todo ano tem aparelhos novos de todo jeito.

Esses cadernos são a recordação daqueles bons tempos em que eu tinha orgulho de trabalhar na minha profissão e, se eu tivesse filhos, eu poderia mostrar para eles toda essa minha trajetória e cada lugar onde eu fui fazer meus reparos. Está tudo registrado nesses cadernos, cada lugar que eu fui, a pessoa que fez a solicitação, o motivo do reparo e a solução que eu dei como técnico em eletrônica.

Até os trabalhos que eu fiz e não cobrei estão aí anotados do meu jeito, que eu chamo de "analógico", porque não é como agora que "cai o sistema", "sai do ar".

— Então, por que cai o sistema? Você sabe por quê? Eu te digo: É porque foi um de nós quem fez uma ação que promoveu um erro no digital, já que este não erra, e sim nós.

Nós sim produzimos o erro no sistema digital. Se ocorre um erro, é claro que mexe no sistema, mas o que ninguém se dá conta é que o sistema digital não funciona sozinho.

Assim, quando comecei a anotar, eu percebi que eu passei a sentir cada etapa dos consertos que eu fazia porque eu desenhava o circuito que estava com problema, identificava onde estava o defeito e eu mostrava a solução por intermédio do desenho de cada circuito com o defeito apresentado. E o meu trabalho era encontrar o defeito, mas também a solução.

Quando eu montava e desmontava o aparelho várias vezes e ficava com a dúvida de onde estava o defeito, se o desenho estava correto e se o circuito estava corretamente montado, conforme o desenho, por que o aparelho não funcionava?

Então, eu comecei a colecionar as revistas do Newton C. Braga e ia estudando os circuitos e as soluções que ele demonstrava para os leitores. Daí eu comecei a fazer a mesma coisa que ele apresentava na revista pelos artigos que ele escrevia.

Passei a desenhar o circuito de cada aparelho que me chamavam para consertar e, quando eu descobria o desenho, inspirado pelos artigos do Newton C. Braga, então eu desenhava o circuito do aparelho da casa de X, Y ou Z etc. E marcava o lugar do defeito no desenho e depois a solução que eu encontrei para o aparelho funcionar.

Quando eu reuni um número de circuitos de aparelhos consertados e desenhados no meu caderno, eu os enviei para a revista do Newton C. Braga.

Foto 9 – Revista em que publica sua experiência com reparos

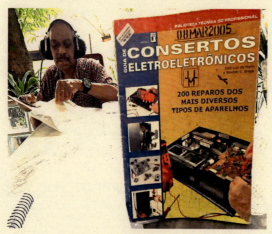

Fonte: Arquivo pessoal do biografado (2005)

Foi aí que ele me convidou para publicar artigos na revista dele.

Foto 10 – Contrato para publicação das mais de 4 mil fichas de reparos

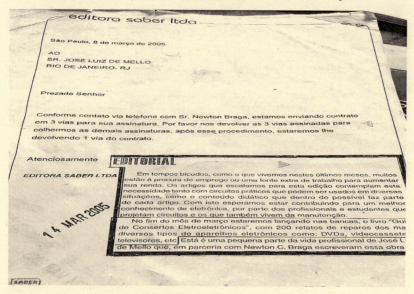

Fonte: Caixa de lembranças do biografado (s/d)

Sabia que eu até ganhei dinheiro com essas publicações?[16]

Foto 11 – Contracapa da Revista *Guia de Consertos Eletrônicos*

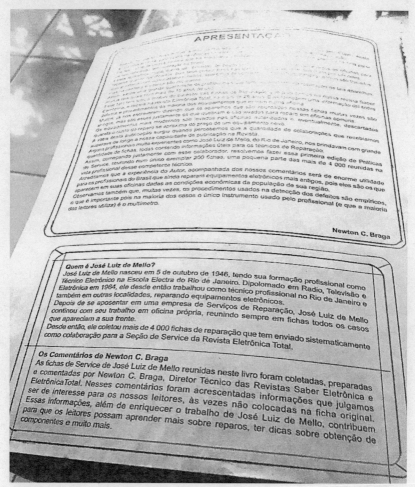

Fonte: Arquivo pessoal do biografado (2005)

---

[16] Você leitor pode observar as fotos nesta minha biografia.

Foto 12 – Página da publicação das fichas de reparo (1979 e 1992)

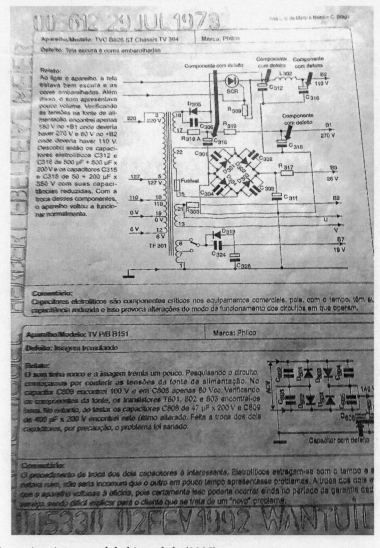

Fonte: Arquivo pessoal do biografado (2005)

Minha narradora me interroga sobre o alcance do meu aprendizado. Minha dificuldade em matemática era um blefe, à medida que eu invento e desenho circuitos e construo equipamentos e os nomeio.

Ao fotografar e descrever meus inventos, ela me mostra o quanto fui capaz de superar minhas dificuldades e me situar em algum lugar que não deixa de ser matemático.

Porque alguém não aprende a montar ou calcular do jeito certo não deve ou não deveria ser um parâmetro para se afirmar sobre as competências a se adquirirem com a prática.

— Sim, porque eu acho que a prática desperta muito a teoria, a vontade de descobrir coisas novas.

Isso aconteceu comigo com o auxílio de quem se dispôs a apostar que eu poderia fazer o meu melhor. Não por acaso, também adquiri conhecimentos em eletricidade, tanto que, como já mencionei anteriormente, esse conhecimento culminou que eu pedisse demissão de um dos meus locais de trabalho por não aceitar acumular funções sem a devida remuneração.

Aprendizado e busca de conhecimento constante tornaram--me cada vez mais atento às transformações que com o tempo os aparelhos eletrônicos sofrem pelas exigências do progresso. Tanto que o analógico foi perdendo lugar para o digital. Com isso, o técnico precisa se atualizar constantemente e precisa compreender os elementos que compõem os circuitos de uma outra lógica, já que, atualmente, os reparos são bem menos solicitados, à medida que os seus mecanismos não apresentam defeitos com a mesma frequência como os antigos aparelhos de tv, que eram de tubo e não de plasma e led, como agora.

Não é preciso mais abrir os aparelhos e realizar aquelas pequeninas soldas que compunham os circuitos dos televisores antigos.

Quanto aos aparelhos de som, ainda que sejam de maior potência e cada vez mais o mercado apresente e divulgue modelos e tamanhos para todos os gostos, o mercado de reparos dos aparelhos eletrônicos sobrevive porque as questões de impedância, funcionamento ou qualidade do som sempre requisitam o técnico em eletrônica.

Quanto mais o progresso e o desenvolvimento no mundo das invenções humanas sejam muito importantes, é fato que determinados ofícios perdem o seu espaço de trabalho. Por exemplo, como um datilógrafo sobreviveria hoje sem estudar o computador? Assim também o técnico em eletrônica pouco sobreviveria sem estudar as novidades que surgem a cada ano em termos de aparelhos eletrônicos.

Fico pensando naquela época em que eu visitava praticamente a semana toda diversos endereços para identificar defeitos em aparelhos de televisão ou rádio ou som. Então, os tempos são outros, mas é exatamente por isso que eu tenho saudade daqueles velhos tempos. As coisas corriam um pouco mais devagar.

Nessa altura da minha vida, prestes a fazer 76 anos, tenho guardado vários cadernos escritos. Adquiri o hábito de fazer anotações e me sinto bem fazendo isso.

3. ESCRITOS QUE LEMBRAM O QUE ME FAZ FALTA

A partir do ano de 2001, comecei a anotar o nome das pessoas que se lembravam do meu aniversário. Também me ocorreu, em algum momento, registrar o nome daquelas a quem eu também enviava aerogramas de felicitações. Me agradava muito ir aos Correios e Telégrafos e enviar aqueles aerogramas bonitos para amigos e familiares.

Foto 13 – Aerogramas guardados

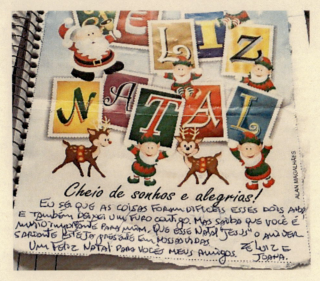

Fonte: Caixa de lembranças do biografado (s/d)

    Eu fazia tudo com muito prazer porque se é uma coisa que não se faz de má vontade é o que dá prazer. Essas anotações iam acontecendo dia a dia, de forma espontânea, como um passatempo mesmo. E com o tempo eu me lembrava de algo aqui, outro ali, e aí eu ia aperfeiçoando meu jeito de anotar. Por exemplo, em determinado ano eu observei que algumas pessoas me retribuíam o gesto e outras não. Eu percebi também que isso acontecia no dia do meu aniversário.

    Depois de passar a maior parte da minha vida trabalhando e registrando tudo o que eu fazia de reparos, onde e para quem eu os realizava, já aposentado e com bastante tempo livre, escrever e anotar sobre a rotina diária, comemorações e a lembrança do dia do meu aniversário e de quem deste se lembrava me distraía. Justamente, porque eu anotava a hora em que cada amigo ou parente ligava, e registrava com o nome no meu caderno. Isso é uma coisa que me faz bem.

    A escrita e o desenho dos projetos de circuitos dos meus inventos tornaram-se parte obrigatória do desenvolvimento da minha vida profissional e depois quando me tornei autônomo.

Importante, sobretudo, para que surgissem na minha mente as ideias dos meus inventos. Era assim parte do processo da minha criatividade, especialmente depois que eu me aposentei.

Quanto ao dia do meu aniversário, em certo ano comecei a anotar o nome e horário de quem me felicitava.

Bem mais tarde, quero dizer que muito tempo depois de eu começar a fazer isso, percebi que uma data tão marcante e inesquecível para mim parecia não ter importância para algumas pessoas e, apesar de eu sempre lembrar delas e enviar mensagens de carinho, fosse pelo aniversário ou pela chegada das festas de fim de ano, não retribuíam a esse gesto de carinho.

Foto 14 – páginas escritas

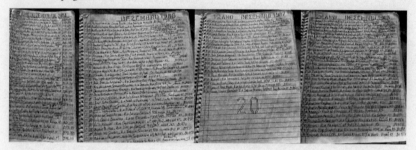

Fonte: Anotações de caderno do biografado (1977 a 2020)

Então, creio que comecei a registrar quem me retribuía o carinho a partir do ano de 2006.

Foto 15 – Mais páginas escritas

Fonte: Anotações de caderno do biografado (1977 a 2020)

Quem me telefonava para me felicitar ou para agradecer o envio da mensagem, assim como quem me enviava cartão, tanto em votos quanto em agradecimento, me alegrava. Entretanto, entristecia-me não ser lembrado. Observar que minhas palavras não causavam o efeito que eu esperava, que era de uma resposta ao meu carinho colocado nas minhas palavras para aquelas pessoas da minha estima. Eu pensava sobre isso:

"Por que para mim eram tão importantes esses pequenos gestos, ao menos naquelas datas tão significativas? Depois de aposentado, senti muito mais falta disso. Engraçado, você sabe que antes não me incomodava tanto?".

Foto 16 – Registro de retribuição das mensagens e felicitações

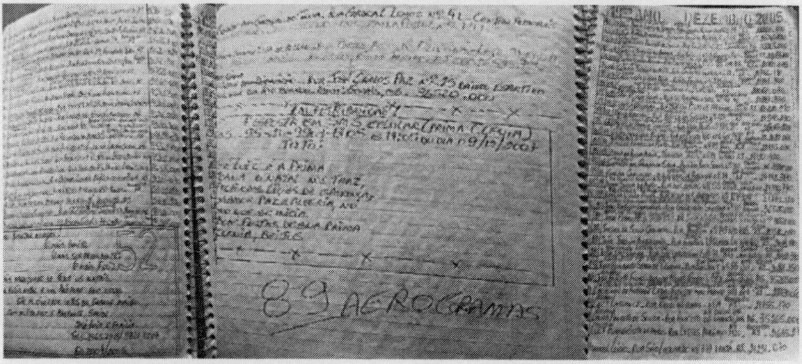

Fonte: Anotações de caderno do biografado (2001 a 2022)

Comecei, de algum modo, a gostar de ser lembrado, pois, verificando o número de vezes de mensagens enviadas para as mesmas pessoas, era como se não fizesse a menor diferença para elas a minha mensagem de carinho. Digo isso porque não me retornava uma palavra, sequer um agradecimento.

Foto 17 – Mais registros de mensagens recebidas e/ou enviadas e feedback

Fonte: Anotações de caderno do biografado (2001 a 2022)

À medida que o tempo passava, se tornava parte da minha rotina diária fazer esses registros com o nome, endereço e horário de quem me ligava ou me mandava, por correspondência ou SMS, mensagens de afeto. E eu buscava afazeres para lidar melhor com o meu tempo. Após a aposentadoria, senti muito esse prolongamento do tempo, que antes não me sobrava.

Foto 18 – Registro de mensagem de fim de ano

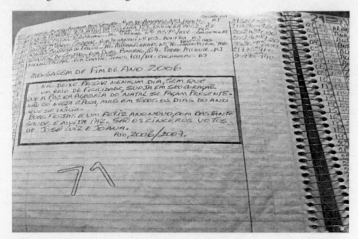

Fonte: Anotações de caderno do biografado (2006)

Então, eu escrevia o que era do meu interesse ver escrito, mas também para ser lido, relido e relembrado.

Foto 19 – Registro de escritos de mensagens recebidas, enviadas ou retribuídas

Fonte: Anotações de caderno do biografado (2001 a 2022)

Foi muito bom ver anotado quem retribuía de algum modo os meus votos, inclusive como eu mesmo registrava as mensagens que eu retribuía a quem me enviava. Anotava se era por telefonema, cartão ou aerograma, ou mesmo agradecimento pessoal.

Foto 20 – Registro das mensagens recebidas ou enviadas

Fonte: Anotações de caderno do biografado (2001 a 2019)

Foto 21 – Endereço de destinatários das mensagens enviadas

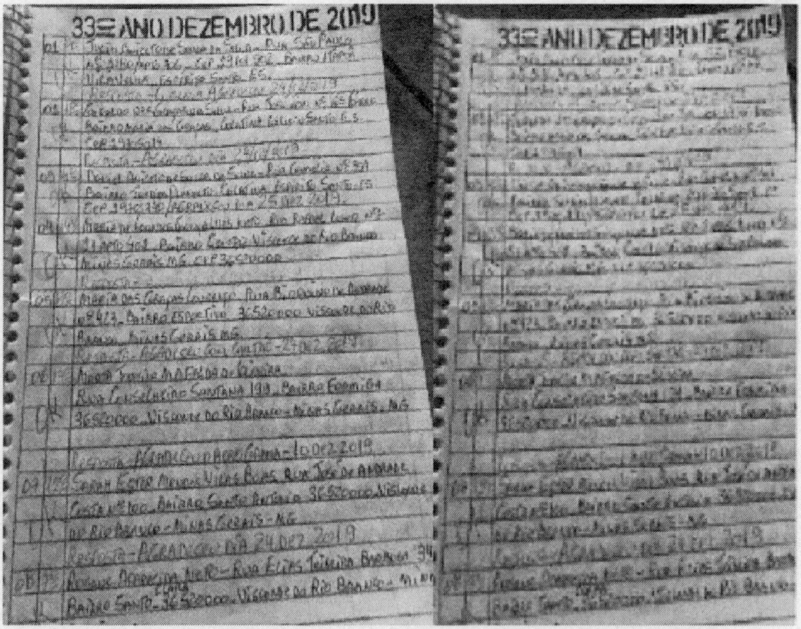

Fonte: Anotações de caderno do biografado (2019)

Eu, depois que me aposentei, resolvi fazer alguns inventos e pus nomes neles. Eu confeccionei o meu microfone parabólico para poder assistir rádio e tv sem perturbar Joaninha porque sou eu quem não ouve bem. Então, se uso o meu microfone parabólico, ela não precisa suportar o volume alto do aparelho, que é o que eu consigo ouvir.

A minha ideia desse invento me permite ouvir o mesmo som que todo mundo escuta, porque sou eu quem comando o microfone parabólico com o volume mais alto apenas para mim.

Foto 22 – Seu invento: microfone parabólico (2018)

Fonte: Arquivo pessoal do biografado (2022)

Entretanto, o tamanho atrapalha um pouco para carregar quando preciso sair para ir ao médico, mercado etc. *Mas quem ganha pouco nesse país precisa ser muito criativo. E eu, modéstia parte, sou muito inventivo.*

O outro invento que eu confeccionei foi o aparelhinho (protetor de fases) que só religa a geladeira ou, outros eletrodomésticos, após cinco minutos depois que a luz volta, após um corte de energia. Isso permite que esse eletrodoméstico (que é caro) não receba aquela carga forte de energia assim que a energia de um local é religada.

Foto 23 – Um sábado de entrevista

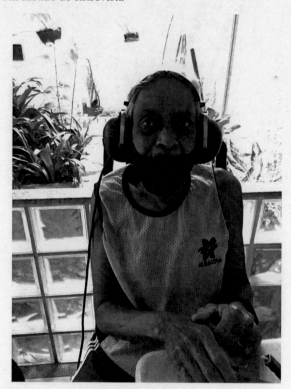

Fonte: Arquivo pessoal de Leite (2022)

Esse aparelho seria um protótipo do nobreak.

Foto 24 – Apresenta o seu protetor de fases

Fonte: Coleção pessoal do biografado (s/d)

Foto 25 – Um sábado de entrevista já sem uso de máscara

Fonte: Arquivo pessoal de Leite (2022)

O próximo invento segue a ideia do protetor de fases, só que ele é um sistema de impedância de linhas de autofalantes, que eu chamo de Silaf.

Foto 26 – Seu invento: Silaf

Fonte: Coleção pessoal do biografado (s/d)

Somente com quatro componentes; um para cada canal (dois resistores e dois capacitores eletrolíticos). Dois canais, porque é sistema de alta fidelidade (direito e esquerdo). Antes do sistema de alta fidelidade se tinha o sistema *hi-fi*, que era monofônico, isto é, somente um canal de áudio. Diferentemente do de alta fidelidade que tem dois canais. Esse invento, o Silaf, vai proteger a saída de áudio do amplificador com a linha de autofalantes. Você pode ligar vários autofalantes, com o cuidado de formar impedância total em oito ohms[17] (valor dos resistores casadores). Justamente se tem esse valor mínimo como parâmetro ou referência, respeitando a impedância da ligação dos autofalantes no amplificador.

---

[17] Ohms é uma abreviatura de origem grega para nomear o valor de referência da impedância. É uma nomenclatura de uso técnico (referência ensinada oralmente pelo próprio Seu José).

Eu também inventei no ano de 2000, quando ainda não existia o carregador automático de telefone celular, um aparelho que eu chamei de *eltronmatic* (o nome da marca de toca-discos americano). Eu acoplava nele o meu telefone, que ficava carregado com menos tempo que nos carregadores que inventaram depois do que eu inventei.

Foto 27 – Seu invento: *eltronmatic*

Fonte: Coleção pessoal do biografado (s/d)

Eu gosto de refletir sobre as coisas que posso construir para melhorar a vida da gente, o nosso dia a dia. E, principalmente, coisas que podem servir para as coisas durarem mais tempo e não se estragarem tão rápido. Assim como um jeito melhor de acomodar as coisas que carrego no meu carrinho de compras e que nem sempre são compras. Algumas vezes são meus aparelhos que preciso carregar ali dentro e que, se não consigo maneira de enganchar e enlaçar com cuidado, podem tombar no caminho para onde estou indo. Por isso, me ocupo um tempinho com toda a paciência acomodando o material e meus inventos para mostrar a minha narradora e falar a ela sobre eles.

Eu sou uma pessoa que não tenho ambição. Eu quero só o que é meu, por isso eu luto por aquilo que é de direito e isso eu posso dizer que aprendi com o meu pai João. Direito era algo sagrado para ele.

Veja o caso do benefício de Joaninha, que trabalhou a vida toda dela em casa de família. Precisei ir quantas vezes ao INSS e nada se resolvia e eu tinha que estar retornando e levando mais e mais documentos. Muitas vezes tendo que levar documentos que eu já tinha levado. E aí a gente se via começando sempre ou o tempo passando e nada se resolvendo.

A gente demorou para descobrir que a vida profissional de Joaninha estava a maior parte em Minas Gerais, onde ela não vive mais há 18 anos, que é o tempo que ela vive comigo aqui no Rio de Janeiro. Bastou a gente viajar e resolver tudo por lá que o benefício dela saiu.

CAPÍTULO IV

GRANDES PARCEIRAS DE VIDA

4. OS CASAMENTOS

4.1 Com Lucília

Foi no dia do aniversário da mãe Nair, em 3 de julho de 1982, na Rua do Amparo, 239, que eu me casei. Ali eu morava com minha mãe e continuei residindo por um mês. Em seguida, aluguei uma casa na mesma rua, número 109, casa 5, onde moramos até 1990.

A história de minha esposa falecida eu posso contar assim:

Ela veio para o Rio de Janeiro trabalhar para mandar recursos para a família que morava em Divinas Laranjeiras, em Minas Gerais. Aqui ela tanto trabalhava quanto residia em uma casa de família, no bairro de Bonsucesso. Lá ela começou a ser chamada de "Ginha" porque o menino que morava na casa e que ela ajudava a cuidar era muito levado, e como ela alimentava a brincadeira com a criança, ouvia comentários de que ali estavam o Ginho (o menino Higino) e a Ginha (uma das empregadas da casa). Assim minha esposa explicava o apelido com que todos começaram a referir-se a ela e com o qual teria se acostumado.

Antes de conhecer Lucília, eu tive muito poucas namoradas. Lá no centro da cidade onde eu trabalhava, havia um lugar onde a garçonete Laura e eu fizemos uma boa amizade. Ela sabia como eu gostava do leite morninho e me servia muito bem. Laura residia aqui perto na Rua Boiobi, em Bangu, e um dia me convidou para ir à casa dela e me apresentou uma amiga de nome Rosa. Foi um relacionamento curto que não durou nem mesmo seis meses, porque ela me convidou a morar com ela e eu fui. No entanto, não me deixava tocá-la.

Depois de um tempo dizia-se grávida, mas de mim não podia ser, pois jamais tivemos contato físico. Eu respeitava a vontade dela. Não demorou muito vim a saber que ela havia contraído sífilis, e não gravidez. Fiz de qualquer forma os exames para tirar dúvidas e hoje penso que "há males que vêm para o bem". E entendo o porquê de ela me evitar naquele período em que estivemos juntos.

Foi na casa dessa mesma amiga Laura, a garçonete lá do Centro, que eu também conheci Lucília. Elas eram amigas também e Lucília sábado sim, sábado não folgava e, como morava no emprego, foi convidada por Laura a passar esses fins de semana de folga na casa dela. Nós nos gostamos e começamos a namorar. Nos dávamos muito bem e não brigávamos, mesmo ela tendo um ciúme intenso de mim. Eu relevava e dizia para ela ser infundado esse ciúme, porque eu não lhe dava motivos pra isso.

Eu já trabalhava como autônomo, quando aconteceu um fato muito triste em minha vida. Eu fiquei viúvo de minha esposa Lucília em 2003, no dia 20 de dezembro, exatamente na data em que costumávamos viajar para passar o Natal com a família dela lá em Minas.

Vivemos por vinte e um anos felizes. Os melhores dias da minha vida. Considero que conquistei a esposa ideal e ainda fiz feliz a minha mãe, que queria tanto que eu me casasse. O casamento no dia do aniversário dela foi uma homenagem porque ela queria me ver casado antes de fazer a partida. Como eu nunca fui homem de muitas namoradas, isso incomodava minha vó Catita, que comentava com minha mãe:

— *Nair, será que esse menino não gosta de mulher?*

Eu só dizia:

— *Não, vó, não se preocupe. A senhora pode ficar tranquila. O dia que aparecer vou trazê-la aqui e vai ser tudo nos conformes.*

Só que minha vó não conheceu Lucília. Ela já tinha feito a passagem, nessa ocasião.

Antes, muito antes disso, eu levei uma colega de trabalho lá em casa e a vó Catita pensou que eu namorasse, mas eu desfiz o engano, porque estava muito longe disso.

Meu relacionamento com Lucília se deu após Laura combinar tanto com ela quanto comigo para almoçar num sábado em sua casa. Foi aí que nos conhecemos e o destino, a partir de então, nos aproximava cada vez mais, pois passávamos a marcar tanto encontros na casa de Laura quanto íamos passear juntos. Era tão bom! Sinto tanta saudade daqueles tempos em que víamos as vitrines das lojas de departamentos como a antiga "Mesbla". Íamos ao cinema, enfim. Nunca brigávamos. A gente se entendia muito bem. Aprofundamos nosso relacionamento para algo mais sério. Naquele tempo se podia passear na rua sem medo de ser assaltado. Atualmente o Rio de Janeiro está muito violento.

Só após o casamento foi que eu conheci toda a família dela. A Lucília tinha muito apego à família e perto do Natal a gente sempre ia para Divinas Laranjeiras, em Minas Gerais, ficar com a família dela. Fiz bom relacionamento com eles. Lucília mantinha contato com seus familiares diariamente para saber deles.

O irmão dela, Aniceto, e o sobrinho Alisson vieram vê-la quando adoeceu. Nessa época esse irmão residia em São Paulo. Dona Antônia, a mãe, e a Kalu, uma das irmãs, estiveram no Rio também para visitá-la, mas isso aconteceu um pouco antes de ela adoecer.

Uma outra irmã de Lucília, a Neide Aniceto, casou-se com um militar, terceiro sargento do exército e são casados até hoje. São meus compadres. Eu batizei o Júlio, um dos três filhos deles, pois têm ainda o Bruno e o Daniel. O compadre tem ainda uma filha do seu primeiro casamento, de nome Patrícia.

Eu sou muito agradecido ao compadre que é casado com minha cunhada Neide Aniceto, porque em uma fase difícil, em que me vi com dificuldade de pagar aluguel, ele me estendeu a mão. O compadre havia comprado um imóvel aqui em Padre Miguel e cedeu-me quase vinte metros quadrados para eu construir uma quitinete e morar com Lucília. Que é onde continuo morando até hoje. Foi o vizinho, técnico em edificações de concreto armado, o Wantuil, quem desenhou a planta e acompanhou a construção. É vizinho e amigo também.

Fiz alguns amigos preciosos durante a vida. O mano Edson e o Wantuil iam praticamente toda a semana nas reuniões do Centro Espírita Elias. A convite do Wantuil, passamos também a frequentar o Centro. De início, pelo convite, mas depois porque tomamos gosto e Joaninha passou a ir também. As palestras acalmavam o coração e todos nós, cada um a seu jeito, vínhamos para casa revigorados do espírito.

Eu contribuía melhorando a acústica do salão onde se realizavam as palestras.

Eu faço o que posso pelo compadre e pela cunhada, minha comadre, e meu sentimento é gratidão. Sou correto com meus compromissos e presto contas do imóvel. Gosto muito deles. Atualmente, residem em outro estado do Brasil. O compadre é aposentado.

Quando os problemas de saúde de Lucília começaram, após ela ter ingerido caldo de cana em uma barraca de rua, em Bangu, os médicos desconfiaram que ela pudesse ter contraído doença de Chagas. Entretanto, minha esposa tinha muito medo de médico e, muitas vezes, não seguia as orientações e insistia em paliativos que dessem conta de seu mal-estar. Isso lhe trouxe muitas complicações, porque o que ela tinha foi se agravando.

Foi quando houve indicação de cirurgia na vesícula, mesmo assim ela relutava e adiou o quanto pode. Até que foi ficando amarela, o que chamam os médicos de icterícia. Os médicos acharam ruim com a gente[18] e nos perguntou por que se deixou chegar a doença naquele ponto?

O problema tinha alcançado o fígado e ela apresentava uma espécie cirrose hepática. Não sei ao certo se era isso mesmo, mas naquela época não se tinha os recursos que se tem hoje. Talvez hoje ela pudesse ter sido salva com um transplante de fígado. Quem sabe? Nunca vamos saber.

4.2 O que Deus escreve, quem pode apagar? "Joaninha"

Joaninha estava guardada pra mim, tipo coisa do destino. Eu a conheci antes de me casar, mas já tinha firmado compromisso com Lucília e me casei. Ficamos separados por mais de vinte anos. Quando minha esposa faleceu, eu me sentia só e um dia resolvi não

---

[18] Seu José quer dizer que os médicos os repreenderam.

ficar mais sozinho. Fui até Petrópolis e procurei por Juraci, irmã de Joaninha. Por intermédio dela foi que eu conheci Joana, um tempo bem antes de eu namorar com Lucília.

Cheguei a paquerar Juraci, pois me chamou atenção os seus cabelos compridos. Eram tão bonitos. Mas entre nós só aconteceu mesmo uma grande amizade.

Por volta de 1979, Joana passava uns tempos com Juraci em Petrópolis. Era recente sua separação do marido, a essa época. Assim que eu a vi, senti algo inexplicável, uma vontade de estar perto. Não foi um relacionamento sem importância.

Seu José conta a sua história com Dona Joana em dois tempos, tendo um antes e um depois de se gostarem. O relacionamento mais sério só após decorridos cinco anos depois de ter ficado viúvo. Sentia-se só e o seu pensamento em rever Joaninha se acentuava. Por essa razão não titubeou em ir para Visconde do Rio Branco. Lá observou que Joana ainda vivia só na sua casinha nos fundos da casa do irmão e lhe disse:

— Olha, eu vim até aqui para lhe fazer uma proposta e, se você aceitar, eu acho que vai ser tanto bom pra mim, que estou precisando de alguém como você, pois tenho me sentido muito só, quanto acho que se você pensar a mesma coisa porque você também vive só, e não arrumou ninguém esses anos todos. Então eu fico aqui pensando se você não estava mesmo guardada, pelo destino, para mim.

E aí Joaninha aceitou meu pedido de casamento. Comprei as alianças e gravei o meu nome na dela e o nome dela na minha, com a data (20 de novembro de 2005) da nossa união e o padre Zezinho, lá de Visconde do Rio Branco, da Igreja de Santo Antônio, abençoou nossas alianças e viemos morar no Rio de Janeiro, já casados. Atualmente, são dezoito anos de união estável já registrado em cartório.

O encontro para a entrevista nesse sábado (12 de março de 2022) na casa de Seu José contou com a participação de Joana, sua esposa. Seu José não se sentia disposto a caminhar até a casa da sua narradora, como de costume todos os sábados. Lá, a narradora leu para ambos (Seu José e Dona Joana) e a empreitada já escrita se envolve pelo tom interessante da voz de Joaninha, que vai comentando, enquanto escuta a história:

"É isso mesmo!" "Igualzinho!" Entretanto, controvérsias na parte que diz respeito ao histórico de como se deu o relacionamento entre eles tomam o rumo da versão feminina. É quando Joaninha fala por si mesma sobre os pontos que, segundo afirma, são igualmente importantes, já que fazem parte de sua história "com Zé", como a ele se refere.

Eu conheci o Zé muito tempo antes de ele se casar, mas ele estava noivo e eu havia me separado havia pouco tempo do "traste"[19] do meu marido.

Eu estava passando uns tempos com minha irmã lá em Petrópolis porque minha prima Catarina me pediu para eu ficar com ela, pois estava para ter bebê. Ela teve um menino, que é, inclusive, meu afilhado. Eu curei o umbigo dele igualzinho eu curei dos meus filhos.

Foi nessa época que o Zé apareceu por lá e foi aí que fomos apresentados. Nessa época até tivemos um namorico, mas nada de sério. Ele nem conhecia a mulher dele ainda. Ele seguiu a vida dele e eu a minha. Voltei pra Visconde do Rio Branco e a vida seguiu em frente. Eu morava numa casinha nos fundos da casa do meu irmão João (que gostava muito do Zé e já é falecido) e eu trabalhava na casa de uma madame.

Um dia, já casado de anos e anos, o Zé apareceu por lá. Ele tava muito chateado porque, por ciúme, a mulher dele lhe tinha dado uma bofetada. Parece que ela não gostou de achar um fiapo de cabelo louro na camisa dele quando chegou em casa do trabalho.

Por mais que ele explicasse que a condução estava muito cheia e tivesse um casal namorando próximo do banco onde estava sentado e que só podia ter sido dos cabelos daquela mulher loura o fio de cabelo, ela duvidou, esbofeteando-o.

Eu não aceitei aquela situação, pois ele estava casado e pronto. Jamais eu seria motivo para ele levar adiante a separação. O que eu não quero pra mim eu não quero "pros outros". Até porque lembrei do que o meu marido fazia, arrumando mulheres fora do casamento,

---

[19] Termo pejorativo que apresenta vários sentidos, conforme o dicionário Priberam, sendo um destes "indivíduo sem valor". (Disponível em: dicionario.priberan. org/traste; acesso em: 4/10/2022).

e não foram poucas as vezes que ele nem mais fazia questão de escondê-las de mim.

Mandei o Zé "esfriar a cabeça"[20]. Ele voltou para a mulher. Era mesmo o certo a fazer.

Nos finais de semana eu ia para os meus forrós me divertir e assim a vida seguia. Eu não botei mais ninguém dentro da minha casa. Bastava o que eu havia sofrido.

— Tá vendo essa marca aqui na minha testa? Foi uma machadada que o "traste" me deu e me fez, na época, dizer o que ele queria, no hospital (Que o pau da lenha voou na minha testa, enquanto eu a cortava). Levei treze pontos. Eu tinha muito medo dele e da família dele. Ter dinheiro naquela época dava poder de "mandar e desmandar", "fazer e desfazer" e eu tinha muito medo disso.

Na verdade, o que ocorreu de fato no dia em que ele me deu uma machadada foi assim:

Eu pedi a ele, quando chegou, que tirasse a lenha do tempo para não molhar com a chuva e que era melhor cortar e guardar direitinho. Ele pediu, conforme cortava, que eu pegasse a lenha. Foi aí que ele me acertou a testa.

Eu podia até pensar que fosse um acidente, não fosse ele dizer pra mim, enquanto o sangue jorrava em minha testa, que ele gostaria mesmo era de me matar. Eu estava grávida de três meses do meu segundo filho.

Meu filho mais velho tinha dois anos e estava em casa. Não viu o acontecido, mas me viu ensanguentada. A família dele o apoiava, de modo que meus sogros "passavam pano"[21] nas coisas erradas que ele fazia.

Quando meu pai foi me ver, ele tentou disfarçar o ocorrido, mas meu pai disse a ele: "Eu sei muito bem o tamanho da volta do seu pé!".

Meu pai me apoiou, mas, ainda assim, eu continuei por mais um tempo casada. Ele era também muito mulherengo e não me respeitava. Das outras mulheres ele já não fazia nenhuma questão de disfarçar ou esconder. Fui embora e ele tirou os meus filhos de

---

[20] Nesse contexto: se acalmar.

[21] No sentido de acobertar.

mim. Meu filho mais velho tinha três e o mais novo dois aninhos, nessa época. Eu tinha voltado pra ele por causa dos meus filhos, mas ele só mudava pra pior. Essa foi a quarta e última vez. O próprio juiz que orientou a separação comentou que quando um casal ficava nessas idas e vindas sem melhorar o relacionamento, era porque era a hora de pôr um ponto final na história.

Ele, então, tomou meus filhos. O processo se arrastava e nada de eles devolverem os meus filhos. Sequer me deixava vê-los. Lembro de quando fui ver meus filhos e os esconderam de mim. E minha luta na justiça foi em vão.

— Você já viu uma mulher sozinha "sem eira nem beira" vencer gente de dinheiro e poderosa? Hoje eu já não diria isso, mas naquele tempo era desse jeito.

Meus filhos são adultos, homens feitos e casados e não querem saber de mim, e eu fico pensando qual foi a história que durante a vida deles foi fazendo o espírito deles voltar-se contra mim. Até quando eu estive lá em Visconde do Rio Branco há uns tempos atrás não foram me ver.

Um dia, a verdade sempre aparece e, se os meus filhos buscarem saber sobre tudo o que realmente aconteceu, eles vão saber que eu nunca os abandonei nem fui negligente. Na verdade eu lutei com gente ruim e poderosa e eu perdi. Qualquer tempo pode ser tempo de verdade e perdão. E eu segui em frente.

Morando no Rio há dezoito anos aprendi a fazer o que diz a música do Zeca Pagodinho: "Deixo a vida me levar", diz Joaninha.

Dona Joana e Seu José costumam ouvir rádio juntos e são fãs do programa do radialista Antônio Carlos. Por anos, desde 2006, partem com suas guirlandas ao pescoço, aqui do subúrbio de Padre Miguel para o centro da cidade próximo à Rua do Russeo, para participarem do bloco carnavalesco do radialista que conhecem como o Show do Antônio Carlos, e dizem que este se encontra com outro bloco, O cordão do bola preta", na Cinelândia. E conseguem se divertir até os Arcos da Lapa, agregando muita alegria aos seus espíritos de foliões.

Foto 28 – Arcos da Lapa, Rio de Janeiro, Brasil

Fonte: Gravura presenteada (autor desconhecido, s/d)

Assim, nesse período de pandemia, dizem que estão aguardando tudo voltar ao normal, porque a alegria do carnaval ajuda a todos nós a sair da rotina.

Foto 29 – Artigo de revista

Fonte: Revista *Canal Extra* (domingo, 2 de agosto de 2015, p. 50)

Ao que concordam ambos com essa ideia de que de vez em quando "é bom sair da rotina"!

CAPÍTULO V

BONS TEMPOS AQUELES

O tempo passa e as lembranças trazem de volta os velhos tempos da minha infância. Eu me sentia tão feliz brincando com meus primos nos patinetes, nos carrinhos de rolimã e, apesar de não ser muito bom em futebol, eu adorava ver uma pelada, ainda que ali eu fizesse mais o papel de gandula. E os tempos da minha juventude? Eu não tenho do que reclamar. Muito cedo, eu fui confrontado por meu pai com todas as minhas fragilidades. No que diz respeito à escola, à matemática, meu pai pôs ali o limite na minha segunda reprovação. Disse-me chega. Não seria por ali que ele apontaria qual seria o meu futuro próximo. Mas meu pai não desistiu de mim.

Da sua maneira, mostrou-me outra direção para eu evoluir. Mostrou-me o mundo do trabalho e por onde eu poderia me encontrar em uma profissão. E me deixou experimentar, embora incrédulo sobre minha capacidade de aprender, quando iniciei meus estudos de Eletrônica.

Se, aos setenta e seis anos, eu posso dizer que sou um técnico em eletrônica e que desenho projetos com circuitos, os quais eu vou comprar os materiais e desenvolver os passos necessários a cada invenção minha, ou também reparos a que sou convidado a realizar, eu posso dizer que tudo começou muito lá atrás com meu pai João e o seu jeito duro de dizer as palavras pra mim.

De algum modo, isso me fez buscar os meios de ele se agradar do que eu fazia. Porque meu pai não acreditava que eu pudesse aprender algo tão difícil (para ele) como a eletrônica. Isso mudou um pouco o modo rude com que ele me tratava, inclusive me chamando de "burro" muitas vezes, dizendo duramente essa palavra, a partir da minha repetência, a partir da minha insistência em fazer o curso e culminando com o momento em que eu montei um rádio e dei para o meu pai (que era tarefa do aprendizado do curso) de presente.

A alegria do meu pai com o meu feito e o pedido de desculpas por não ter acreditado em mim. Ele reconheceu o erro, apesar de ser muito rude. Meu pai não tinha "papas"[22] na língua. Como excelente mestre de obras, eu observava que ele ensinava uma vez só e, se tornasse a fazer errado, perdia a paciência. Ele tinha pressa que as pessoas aprendessem logo as coisas. Minha mãe brigava com ele, por isso, lhe pedindo mais tolerância com o tempo dos outros.

Sou muito grato aos meus pais João e Nair e, algumas vezes, me pego pensando o que seria de mim, caso não fosse a generosidade deles para com meu pai Eretiano, o qual, se abriu mão de mim como seu filho, devia ter as suas razões. Eu estava bem cuidado e por perto. Então, isso parecia ser o suficiente para ele. Abriu mão de um lugar para o irmão com mais recursos e, com isso, jamais interferiu na autoridade que ele tinha sobre mim.

A vida é uma caixa de surpresas e hoje eu sou até autor de um artigo publicado sobre os equipamentos que eu identificava o defeito e como foi realizado o conserto. Quem diria?

5. REFLEXÕES MINHAS: SAUDADE DOS VELHOS TEMPOS[23]

Todo final de ano (Natal e Ano Novo) eu e minha falecida esposa Lucília visitávamos os familiares em Divinas Laranjeiras, uma cidade do lado leste de Minas Gerais. E era muito bom esse pequeno período de convívio com a família da minha primeira esposa.

O meu sogro, o José Aniceto, de apelido "Nezico", como era conhecido, já é falecido. Eram muito interessantes as nossas conversas sobre a cidade dele. Por exemplo, onde e com quais cidades Divinas Laranjeiras fazia fronteira lá no estado de Minas Gerais.

---

[22] Nesse contexto: o pai do "Seu José" não media suas palavras nem como estas repercutiam no filho.

[23] Chamo a atenção do leitor que se trata das reflexões sobre as memórias do biografado e, nessas lembranças, ele transmite oralmente seu conhecimento técnico relacionado a sua profissão. Evidenciamos as memórias de "Seu José" e não empreendemos a checagem dos conhecimentos que ele nos transmite. Afinal, isso é história!

Ele citava cidades vizinhas como São Vítor e Macedônia central. Mas não esquecia de mencionar a última cidade: Mantena, do lado mineiro, que fazia divisa com a cidade Barra de São Francisco, já no estado do Espírito Santo.

É uma época distante da minha vida, pois minha esposa faleceu em dezembro de 2003. Infelizmente, bem perto das festas do fim de ano. Tanto que foram eles naquele ano que vieram para o Rio para ver a filha muito doente.

Tendo ocorrido o que foi inevitável, restou a mim cumprir o desejo de minha esposa falecida que era ser enterrada na terra dela: Divinas Laranjeiras. Eu providenciei e acompanhei pessoalmente todo o traslado. E o último desejo dela eu atendi.

Essas lembranças me retornam junto do carinho e da saudade que sinto daquela convivência com os familiares da minha esposa, que eu considero como meus também. Tenho também um afilhado muito querido lá: o Jarbas Aniceto.

O meu sogro reclamava da dificuldade de funcionamento do rádio naquela localidade de Minas, porque, naquela época, as rádios só entravam na faixa das ondas curtas. Só havia rádios de mesa e portáteis. Os de mesa funcionavam com válvulas eletrônicas da marca Semp. Sabe que só depois, quando colocaram postes de madeira com iluminação muito fraca, é que as instalações elétricas foram acontecendo?

A prefeitura se servia de gerador a gasolina. As ruas, naquela época, ainda eram de chão batido e havia muita poeira de chão barrento. Asfalto? Não tinha isso não. E meu sogro contava que a alimentação da energia era por vibração, chamada vibracal, enrolamento primário. São só lembranças dessas nossas conversas. Eu gosto muito de conversar.

Trago na lembrança os anos de 1967 e 1968, quando os rádios de pilha eram a novidade. Digo isso porque as pessoas levavam o aparelho para as arquibancadas dos estádios de futebol e parecia conquistar o público dos jogos esportivos. Eu observava isso no Maracanã e em outros estádios, como o do Botafogo e Vasco da Gama. Foi esta popularidade, creio eu, que fez surgir mais programas de rádio, inclusive humorísticos.

Um desses era o programa "Balança, Mas Não Cai", da Rádio Nacional, do Rio de Janeiro, com diversos humoristas.

Houve uma justificativa muito interessante para a escolha do título desse programa humorístico: parece que na Avenida Presidente Vargas, no Rio de Janeiro, foi construído um prédio residencial e comercial que, a partir da mudança dos moradores para lá, eles observavam e comentavam (tanto moradores como comerciantes) que o prédio balançava. Daí o nome do programa, inspirado na situação desse prédio que foi passando "de boca em boca". Acho que até hoje não caiu.

As radionovelas eram um sucesso e eu lembro de novelas como "Jerônimo, o herói do sertão" e "O direito de nascer", que agradaram muito ao público do rádio.

Outra rádio inesquecível era a Mayrink Veiga. Um programa humorístico dessa rádio que ficou famoso foi "A turma da maré mansa". Tinha até música de entrada. Um coral cantava: "A turma da maré mansa. Agora vai começar...". Funcionava como o alerta de que estava começando e você podia se aproximar para escutar melhor os humoristas. Ou, se você se descuidou e chegou tarde naquela noite, o coral também anunciava que ia terminar o programa. Se estou certo, era transmitido em ondas médias, hoje chamada AM, e também em ondas curtas no sudeste brasileiro. "A turma da maré mansa" foi um sucesso de audiência nacional. Que saudade!

A partir da fabricação dos televisores P&B[24] com cinescópio de vinte e três polegadas, o meu irmão Carlos, morador do bairro Campo Grande, no Rio de Janeiro, comprou um aparelho de tv de uma famosa marca de alta qualidade. O aparelho tinha a imagem e o som era *hi-fi* (alta fidelidade).

Costumava visitar meu irmão e os parentes nos finais de semana e ficava muito encantado com o som da tv dele. Eu observava o ímã e a bobina móvel do autofalante na frente do cone de papelão, diferente do autofalante tradicional com a bobina móvel e o ímã permanente para trás.

---

[24] Televisores preto e branco.

Sou muito observador e notei também o controle de locução musical (*Loudness*[25]) do aparelho do meu irmão Carlos. O ambiente também era muito favorável àquela qualidade de som porque a casa dele era de tacos de madeira, e não como atualmente, que a maioria das casas é com assoalho de cerâmica.

Uma vantagem para os aparelhos dessa época eram suas válvulas eletrônicas, pois davam melhor qualidade de reprodução tanto da imagem como do som. Naquela época não se tinha programação o dia todo. Não mesmo. Lembro muito bem que só entrava no ar às dezessete horas e que, antes das transmissões da programação, era som de música que encantava nossos ouvidos. *Que saudade eu tenho dos velhos tempos!*

Trago na memória lembranças de aparelhos que eu considero especiais, cada um a seu jeito. O primeiro que me vem à lembrança é um rádio bem feinho, mas o som inigualável para aquela ocasião. Essas ideias de querer modernizar a casa com novos aparelhos fez com que meus pais desejassem se desfazer desse rádio feio. Mas eu, como sou apaixonado pelos sons graves, reparava que esse rádio reproduzia com muita qualidade sonora. Não se ouvia nem um chiado nem nada. Levei o rádio para o Seu Manoel da sapataria porque lá ele não tinha rádio nenhum. Ele o pôs lá de tal forma que as pessoas entravam, escutavam, mas não sabiam de onde o som vinha. Ele me contou até, na época, uma passagem de alguém que perguntou e elogiou o som sem acreditar que aquela qualidade sonora vinha de um rádio. Pensava em algum aparelho mais moderno e potente. Só acreditou porque ele mostrou-lhe o rádio que ficava em local mais reservado, justamente porque o seu aspecto em modelo capelinha e todo em madeira mogno não agradava muito. No entanto, era o tipo de formato e madeira que resultava naquela qualidade sonora. Mas chegava a era da modernidade e muita coisa boa era considerada feia e/ou descartável. Nunca esqueci desse rádio. Inclusive, como eu não tenho foto alguma desse rádio, ilustro com a foto da capa desse disco, de músicas, antigo. Esse rádio da capa do disco é muito parecido com o que eu levei para o sapateiro.

---

[25] Reforço de sons graves em volume baixo.

Foto 30 – Documentos sonoros adquirido em 2018

Fonte: Álbum: Nosso Século 1900; Formato Físico; vinil; Abril Cultural (2018)

      O tempo passa. Coisas novas surgem como novidades depois do rádio e fazem sucesso. Vejam aí coisas como televisão, cinema! Que, atualmente, você pode até escolher o filme que quer assistir em casa. Mas o rádio nunca acaba. Ele não perde o seu lugar. Eu tenho muito gosto de ouvir rádio. Isso é coisa do meu dia a dia desde que me entendo por gente. Trouxe pra você ver alguns dos que eu tenho. Esse aqui azul, eu tenho outro bem parecido. Parece até o mesmo só que de outra cor. Este aqui (vermelho) ainda funciona. Eu ganhei os dois do amigo e vizinho Wantuil, ao mesmo tempo. Ele pensou que eu pudesse consertar o azul, mas, infelizmente, não teve conserto. O Sharp também não, mas guardo assim mesmo os que não funcionam. É o que eu chamo de "parafernália". Então, são dessas coisas que eu sinto nostalgia. Guardo como recordação.

Foto 31 – É só uma pequena coleção de rádios

Fonte: Coleção pessoal do biografado (s/d)

Esse aqui, que é mais antigo, é Sharp.

Foto 32 – Rádio Sharp

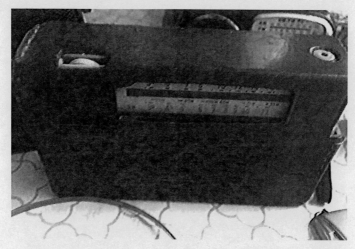

Fonte: Coleção pessoal, década de 1960 (presenteado ao biografado em 1970)

Foto 33 – Radiogravador antigo

Fonte: Coleção pessoal do biografado (1982)

Esse radiogravador funciona. Tenho aparelhos de som que eu guardo há mais de quarenta anos. Alguns ainda funcionam perfeitamente como esses aqui. E eu ainda tenho máquina de escrever. Ganhei do meu mano Nilson Ferreira, que mora em São João de Meriti.

Foto 34 – Aparelho de som antigo com seus discos de vinil

Fonte: Coleção pessoal do biografado (1979)

Eu gosto de lembrar das revistas que eu comprava naquela época nas bancas de jornais. Eu aprendia uma porção de coisas, não só sobre rádio e tv, mas assuntos gerais. Você sabia que foi lendo essa revista que eu descobri que o embaixador do Brasil, o Assis Chateaubriand,[26] trouxe a tv para o Brasil em 1950.

Sempre interessado nessa área devido a minha profissão, eu procurava me inteirar sobre o que ocorria nessa área, além do mercado de trabalho. Tanto que esse aprendizado se dá após eu já ter realizado o curso de técnico em eletrônica. Então, eu lia a *Revista Monitor*, da qual eu me tornei assinante, porque antes eu a comprava nas bancas

---

[26] Conforme a página na internet da revista *Superinteressante*, Assis Chateaubriand era advogado, político, ensaísta e empresário. Sua terra natal era a Paraíba, onde se elegeu senador duas vezes. Abriu mão do segundo mandato para ser embaixador da Inglaterra. Ele trouxe a tv para o Brasil e para a América Latina em 1950 ao criar a TV Tupi (acesso em 14 set. 2022).

de jornais. Aí eu fico sabendo, não com certeza, que era o Newton C. Braga quem assinava a maioria dos artigos da revista Monitor. Tive dúvidas, a princípio, porque o curso por correspondência realizado pela Escola Monitor de Rádio e Televisão tinha o mesmo nome da revista e eu não soube até hoje se a revista Monitor e o curso mantinham relação.

Eu penso que ele era um grande conhecedor do assunto e agradeço a ele, por intermédio dos muitos artigos que ele publicava, o conhecimento que adquiri e que eu soube aproveitar. O gaiolamp que confeccionei foi também vendo um protótipo na revista do Newton C. Braga. É usado como auxiliar para detectar curtos-circuitos pela intensidade da luminosidade das lâmpadas. Eu chamo "gaiolamp" porque é uma gaiola de lâmpadas que sabendo usar, conforme a potência de consumo do aparelho, evitava queimar o fusível, o que podia ocorrer se ligasse o aparelho direto.

Pessoalmente, eu só vi o Newton uma vez, quando fui convidado a conhecer a Editora Saber, em 2004, no bairro Tatuapé, em São Paulo. Foi emocionante porque eu o tinha como referência de professor. Como se diz, ele foi o meu mestre de cerimônias! Digo isso porque ele me apresentou uma forma de conhecimento que eu adoro. E com estilo! E eu jamais esquecerei!

Foto 35 – Desenho de circuitos (1982 a 2005)

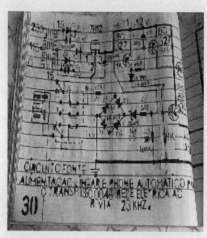

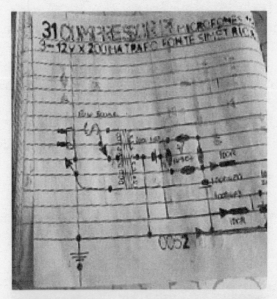

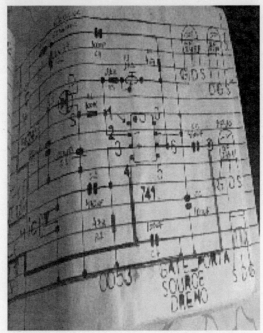

Fonte: Arquivo pessoal do biografado (1982 a 2005)

Desenhos inspirados nos artigos da Revista, num total de 6.672 fichas catalogadas no seu caderno de reparos, de 1982 até o convite em 2005.

Quando eu falo na saudade que eu sinto dos velhos tempos é por causa disso, da sensação que eu tinha, enquanto era jovem, de que a violência que a gente tem hoje é muito maior do que naquela época, quando você me pergunta se não seria por causa de um silêncio imposto pelo regime da época de que "falar e denunciar" podia ser bem perigoso. Eu penso que muita coisa, segundo conversamos, me passa de que havia violência sim. Só que não se falava sobre isso e acho que muita coisa nem se denunciava. Eu vivia como se, em todo o lugar que eu passava e convivia com pessoas, reinasse a paz. Então, lembro dos passeios que fazia com meu pai ou mesmo já jovem andando por bairros vizinhos de onde eu morava, como Madureira, por exemplo. Lembro de um bairro bem diferente do que o que temos hoje, porque minhas lembranças retiram a passarela da estação de Magno. Ali eu passava a pé e tinha uma cancela onde um amontoado de gente esperava o trem passar para atravessar. Madureira sempre teve muita gente pra lá e pra cá. E ir à Madureira era sempre muito bom. Hoje a gente vê o Mercadão lá do outro lado pegando praticamente a Edgard Romero em boa parte dela e dá pra entrar no mercadão por ali, logo ao lado do Madureira Futebol Clube e andar por aqueles corredores cheios de lojas que dão lá na outra entrada da Edgard Romero, naquele sentido indo para o bairro de Vaz Lobo.

Minha memória, se me trai, peço que me perdoe, mas o mercadão de Madureira tomava toda aquela área, onde hoje é a escola de samba Império Serrano e o viaduto de Madureira nem existia. Lembro que ele foi inaugurado em 1962 e até hoje é uma construção muito importante pra chegar e sair de Madureira.

Sabe de uma coisa? Eu vi a época que ainda havia bonde em trilhos em Madureira. Pelo menos três linhas, e uma delas passava lá pelas bandas da Ilha do Governador. Acho que uma linha de ônibus com ponto final em Madureira, que passa na Ilha do Governador, ainda faz parte desse itinerário.

Foto 36 – Notícia de Jornal

Fonte: Reportagem de Wilson Mendes (Jornal *Extra*, 22/5/2013)[27]

Bons tempos que só fazem parte das minhas lembranças!

O primeiro rádio portátil que eu consertei foi um desafio que o dono, o Calixto, meu amigo da copiadora Projefilm, me pediu para tentar, pois o rádio do pai dele estava "jogado" em casa sem uso, e ele queria repará-lo por ser do pai, já falecido, e que ele queria ver funcionar como uma recordação paterna. Isso aconteceu em 1963. E o problema era a bateria. Não tinha defeito. Ele já tinha levado em várias lojas para consertar, mas devolviam por falta de peças. E ele me dizia que nas mais diversas assistências técnicas era sempre a mesma coisa. Como não se fabricava no Brasil aquele tipo de bateria, a saída que eu criei e o Calixto aceitou foi transformá-lo para funcionar com eletricidade.

---

[27] Que trouxe boas lembranças dos passeios com o pai.

Seu José me pergunta se eu sei o dia da saudade e eu lhe digo que sequer me ocorreu que a saudade teria um dia específico, quanto mais saber qual seria.

Então, ele cita o dia trinta de janeiro porque viu essa referência na Folhinha Católica[28] Coração de Jesus e foi anotando e memorizando essas referências populares: Dia do Idoso, Dia do Amigo etc. Retira do bolso um pedaço de papel escrito com caneta de tinta verde o seu pequeno poema dedicado ao tema da saudade que diz assim:

Foto 37 – Poema recitado em uma estação de rádio[29]

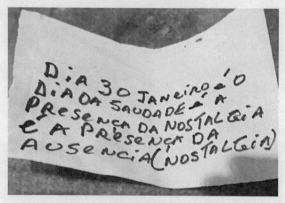

Fonte: Arquivo pessoal (autor desconhecido, s/d)

Dia 30 de janeiro é o
Dia da saudade
É a presença da nostalgia
É a presença da ausência (Nostalgia).[30]

Não é a primeira vez que Seu José fala deste sentimento: a saudade. Tanto que considera muito importante dar vida a cada momento da sua história e se diz grato por tudo que viveu e acumula de aprendizado. Exatamente por isso não quer guardar a sua história de vida só pra si.

---

[28] MÚLTIPLOS AUTORES. **Folhinha Sagrado Coração de Jesus**. Petrópolis: Vozes, 2019.
[29] Confessa que não se lembra.
[30] AUTOR DESCONHECIDO. **Nostalgia**. Anotação de caderno. Rio de Janeiro, s/d.

Seu José, em relação ao rádio, se lembra a ocasião em que não se tinha a bobina de campo nem o ímã permanente, enquanto componentes do rádio. Era uma época, segundo diz, em que o rádio ainda era feito com componentes rudimentares e que foi evoluindo com o tempo. Então, certo rádio era conhecido como "Galena".

Era um aparelho muito rudimentar que só funcionava perto das estações transmissoras. Vindo, com o tempo, o rádio a ser do sistema neutrodino. Este era muito melhor do que o "Galena" porque tinha autofalante magnético com bobina de campo, enquanto o outro só se ouvia com fone de ouvido (fones com cápsulas de cristal que produziam o som pela vibração, e não pela imantação). Aquele que ouvia não compartilhava aquilo que escutava, daí o qualificativo mono.

O "Galena" só permitia a escuta particular. E o rádio evolui a super-heterodino que supera os outros dois pela qualidade do som, e porque se descobriu o ímã permanente, que passou a fazer a função da bobina de campo. Como consequência, o autofalante magnético parou de ser fabricado, já que o ímã permanente o substituiu e barateou o rádio, pois a bobina carecia de rolamentos de fios de cobre, o que não é necessário com o ímã permanente.

Seu José esclarece que, sem se alongar em questões técnicas, trata-se aí de controle das correntes contínuas que ocorrem na bobina de campo e produzem a imantação do núcleo da bobina móvel do autofalante (que é presa no cone). A bobina móvel precisa estar dentro de um campo magnético fixo e, além disso, para se movimentar no cone de papelão tem que ser percorrida pela corrente alternada. O áudio funciona com correntes alternadas. Então, faz a função de cortar essa imantação que foi produzida pelas correntes contínuas da bobina de campo, de modo que reproduz, alternadamente, a sonoridade do rádio.

Até chegar nesse ponto, o que Seu José quer dizer é que o rádio evoluiu com o apelo popular que pedia cada vez mais que se aperfeiçoasse, mas não apenas com as melhores frequências, mas com qualidade sonora.

Apesar dessas nomeações complexas que Seu José traz vivas em sua memória, ele mostra, de modo simples, as coisas simples que tanto ama, sem as sofisticações empreendidas na atualidade, o que acredita não afetou muito o seu modo de escutar e lidar com seus diversos modelos de rádio da sua pequena coleção. Sobretudo, porque em sua casa se ouve rádio todos os dias, desde a hora em que se levanta da cama até as dezoito horas, quando faz com o radialista a oração da Ave-Maria. Só então o desliga e liga sua televisão.

A escuta que Seu José faz desses aparelhos, dos quais ele aprendeu a identificar qualquer falha e reparar, é de outra ordem. Sabe por quê? Porque Seu José não escuta apenas a programação, sua escuta vai além, pois escuta o alcance da impedância, as localizações próximas ou distantes de frequências que interferem na qualidade sonora. E alerta sobre a turbulência que as rádios piratas representam para os amantes do rádio, porque, como apreciador do som de qualidade de sua emissora preferida, repara que vem sendo cada vez mais difícil para ele sintonizar sua frequência, no seu rádio, em sua localidade. E desabafa:

— Como as rádios piratas atrapalham!

CAPÍTULO VI

NOS NOVOS TEMPOS

Saúde é uma coisa preciosa e eu já enfrentei no passado uma situação muito difícil e venci. À época eu contava cinquenta e nove anos. Os homens devem se convencer sobre vigiar a saúde da próstata e fazer seus preventivos do mesmo jeito que as mulheres fazem, periodicamente. Como uma "coisa" normal, afinal isso evita muito sofrimento.

Eu tive de tomar minha decisão aos cinquenta e nove anos e escolher minha vida, apesar da impotência com a cirurgia de emergência. De nada me arrependo, porque há muitos prazeres na vida e vivo feliz ao lado de Joaninha.

Tenho que agradecer muito à família da minha falecida esposa Lucília, e, em especial, à Tercília, que foi a mola mestra para a minha vitória. Sem a disposição e o carinho de Tercília e de Kalu, que cuidou da minha alimentação, eu não teria conseguido passar por toda aquela situação. Teve também a Margarida, irmã de Kalu, que me acompanhou durante os dois dias em que eu estive internado, me mantendo aquecido, alimentado e cuidado o tempo todo.

Trago comigo a lembrança da última cidade do leste mineiro: Mantena, onde ficava o Hospital Evangélico São Vicente de Paula, e eu fui muito bem assistido ali, à época, pelo Dr. Mario Sérgio Vieira, o qual demonstrou grande apreço pela vida dos seus pacientes. Agradeço muito a toda equipe médica.

Consegui um valor razoável pela cirurgia (dois mil e setecentos reais) que eu pude pagar porque tinha a reserva de algumas economias. Depois disso, a vida seguiu seu curso e pra mim, naquele momento, não fez muita diferença ficar impotente, pois o primeiro maior desafio da minha vida foi ter ficado viúvo, porque a solidão é muito difícil de qualquer pessoa enfrentar, especialmente quando se tem um relacionamento duradouro de vinte e um anos de convivência harmoniosa.

Momentos difíceis qualquer casal enfrenta, mas se superam essas dificuldades e, tendo entrosamento, a gente atravessa. Momentos de ceder aqui ou ali, mediante situações em que se evidenciam emoções mais intensas, como aconteceu comigo no convívio com minha falecida esposa Lucília, porque ela tinha muito ciúme de mim.

Atualmente, com Joaninha, as coisas seguem em harmonia. Seu temperamento é alegre e eu não tenho do que me queixar, porque ela é muito preocupada comigo e cuida de mim muito bem. Ainda mais que enfrento mais um desafio desde meus 72 anos, quando descubro que estou diabético por meio de um exame. Antes disso, eu não fazia ideia se tinha ou não essa doença. Eu levava a vida normalmente e comia de tudo, inclusive doces. Mas os tempos são outros. Tenho tido picos de glicose; ou muito baixa ou muito alta, e Joaninha precisa estar andando daqui pra ali para saber o que fazer, indo até a Clínica da Família todos os dias. Exceto nos feriados, eles me têm aplicado insulina todos os dias pela manhã.

Tenho me preocupado com uma informação de um dos atendimentos de emergência, em que a médica que me socorreu pelo Samu esclareceu que o diabetes pode ser controlado, hoje em dia, com medicação oral em vez de insulina injetável. E que o meu caso precisa estar sendo reavaliado periodicamente pelos médicos que me cuidam.

Como eu também tenho tido problemas de visão, desde que fiquei com alterações da minha glicose, não dá pra saber se isso é um fato, pois, durante o tempo em que eu me tratei com médicos cubanos na Clínica da Família, eu estava tendo um bom serviço. Nessa época, minha visão não tinha sido afetada.

As divergências médicas entre o tipo de insulina que é mais adequada para o meu caso dá preocupação, porque nem todo o médico é claro quanto a diferença entre o uso de insulina oral e/ou injetável. Segundo a médica de atendimento emergencial na minha casa, ela disse que a insulina injetável é muito forte e pode atacar o meu coração. Então, ela pediu para que eu conversasse com minha médica sobre essa necessidade, já que, atualmente, segundo ela disse, minha doença pode ser controlada com acompanhamento.

Como minha glicose é muito teimosa em baixar, eu preciso de mais vigilância e vou à Clínica da Família diariamente.

Tenho uma agenda de atendimentos médicos pra tratar da minha saúde no hospital Ronaldo Gazola, onde vou levar os exames pra saber se já posso fazer a cirurgia de catarata. O nefrologista foi indicado por causa do histórico do meu exame de urina, porque parece que eu estou perdendo nutrientes pela urina e isso não pode acontecer. Tem que estabilizar esse descontrole da glicose que está acontecendo no meu organismo. E olha que eu faço tudo direitinho! Joaninha me diz que eu preciso me preocupar menos com as coisas.

Essa deficiência de visão me deixa um pouco nervoso porque não consigo fazer um monte de coisas que eu fazia antes. Eu sempre me mantive ocupado, escrevendo ou desenhando circuitos do que eu estava inventando ou consertando alguma coisa. E agora eu não consigo nem assistir à televisão porque só vejo vulto. Estou com esperança nessas aplicações a laser que a Dr.ª Misleidis está tentando marcar pra mim pelo SUS.

Hoje é mais um sábado de entrevista dentro do mês de julho de 2022. Seu José aparece com um formulário e muito feliz porque, finalmente, vai fazer a aplicação a laser nos olhos.

Preenchemos juntos os dados pessoais dele e estava muito feliz com a data da realização do procedimento. Este aconteceu no dia 27 de julho e seu mano Edson o acompanhou com Joaninha.

Tudo correu bem e Seu José nesse primeiro sábado de agosto veio sozinho, sem ajuda no trajeto para a sua entrevista. E me diz: "Estou sentindo melhora em minha visão. Não é muita coisa, mas está melhor".

Passam as semanas dos meses de agosto e, já em meados de setembro, Seu José está muito frustrado. Em uma das consultas na Clínica da Família, próxima à sua residência, onde se trata, precisou perguntar sobre a sua posição no Sisreg, ansioso pela realização da sua cirurgia nos olhos. E aí olharam, segundo ele, o "sistema" lhe dizendo a situação de contraindicação para cirurgia. Terá que fazer outra avaliação com o especialista da oftalmologia.

Considerou descaso porque desde o mês de agosto, quando a justificativa de impedimento por diabetes e hipertensão já estava no sistema, não o haviam comunicado disso.

— Fiquei sabendo porque fui lá perguntar, mas e os outros que não têm um amigo como o mano Edson e uma companheira como a Joaninha para acompanhar? Vão ficar esperando a vida toda, né? E faz uma comparação fabular com muito bom humor: – *Se fizerem uma comparação de velocidade entre o bicho-preguiça e uma tartaruga, qual dos dois ganhará a corrida?* Sua fábula elege, de um lado, a saúde pública e, do outro, a fila do SISREG.[31]

Passado o desabafo, me diz: — Agora vou te dizer uma coisa: O mano Edson me levou em um médico ali em Bangu que me passou um remédio que está baixando minha glicose. Lembra que ela não "tava" baixando nem eu tomando insulina todo dia? Pois é! Até minha visão tá melhorando. "To" me sentindo muito bem.

Hoje eu trouxe um coisa que eu fiz pra te mostrar. É quando Seu José me mostra onze páginas escritas, inclusive com o desenho de um circuito, que ele espontaneamente resolveu fazer para escrever, de próprio punho, um pedaço da sua história, apesar da pouca visão, conseguindo o feito.

Comprou óculos no camelô, pois não conseguia ver os números no celular e, então, o primeiro objetivo era esse: ver o celular. Encontrar um modo de enxergar os números no dito-cujo. E assim identificar quem estaria lhe ligando para poder se desvencilhar das ligações indesejáveis.

Já se viu obrigado a pagar por um serviço de internet durante um ano. Tudo porque autorizou trocar os fios antigos por fibra ótica na sua residência, para melhorar a qualidade das ligações do seu telefone fixo.

---

[31] Conforme o site da prefeitura do Rio de Janeiro, trata-se de um Sistema de Regulação (SISREG) que permite ao cidadão ter acesso às informações sobre sua posição e previsão de atendimento nas listas de espera por serviços de saúde. Inclusive, para cumprir a Lei n.º 6.417, de 6 de novembro de 2018, foi desenvolvido um site vislumbrando dar a devida transparência do SISREG Ambulatorial (rio.rj.gov.br/web/transparencia/sisreg). Acesso em: 28 out. 2022.

— Mas eu me vinguei. Tirei o meu celular que era da mesma operadora, diz Seu José. Esse foi o modo como conseguiu, à época, "vingar-se", como diz, ao reclamar do valor da conta (quase cento e vinte e três reais) e ser ameaçado de, em caso de desistência, ter que pagar multa por quebra de contrato.

— Já que eu nem sabia que tinha assinado um contrato de internet que nunca usei e nem sei usar, eu disse a eles ter acabado de perder o cliente, pois era a mesma operadora do meu celular. O telefone fixo, eu não podia trocar, por se tratar da mesma operadora que servia à cidade de Divinas Laranjeiras, cidade da primeira esposa, com a qual Seu José fala sempre, por telefone, com familiares, amigos e, inclusive, com seu outro afilhado, Jarbas.

— Fiquei muito zangado! Então, ao menos a portabilidade do meu celular eu confiei a outra operadora. Eles fazem o que querem!, diz Seu José.

Não, por acaso, Seu José sente tanta saudade dos velhos tempos, quando essas agruras financeiras não o visitavam tão frequentemente ou quase nunca. Interessante é o seu enfoque, recorrente nos relatos, do seu sentimento de nostalgia. Fale, Seu José! Conte-nos seus casos!

6. ESSES CASOS EU NÃO ESQUEÇO! [32]

6.1 CASO (1979): CÃO DANIEL!.. [33]

Ao chegar na residência do cliente, a empregada veio me atender, juntamente com o cão pastor alemão de nome Daniel. Um cachorro enorme e com a cara de mau.

---

[32] O itálico se justifica para indicar que esses escritos que contam os casos não são da narradora. Foram escritos do mesmo modo como Seu José escreveu, de próprio punho, e apresentou à sua narradora. Não se trata de sua história oral, como veio contando nas entrevistas, de modo que, exceto algumas poucas correções ortográficas ou de concordância necessárias, os créditos da formulação escrita são dele. Os títulos dos casos também, onde sinalizou o ano em que ocorreram.

[33] A pontuação exclamativa foi mantida, conforme o escrito por Seu José, que parece inventar também com a escrita.

Ao chegarmos na sala, onde estava o equipamento de som para ser instalado na estante. A empregada, de nome Maria, me recebeu. Eu sentei no sofá e comecei a tirar as ferramentas da maleta. O cão estava sentado em frente à porta me olhando com cara de mau.

A empregada falou-me que, caso eu precisasse de alguma coisa, era só chamar, pois ela estava trabalhando na área.

Ao levantar-me, o cão também se movimentava na minha direção, o que me obrigava a sentar-me no sofá. Momento em que o cão fazia o mesmo em frente à porta. Com tentativas de senta-levanta da minha parte, pensei: um cão enorme, caso me ataque, vai me derrubar no chão. Então, sentei e esperei.

Fiquei uns quarenta minutos no sofá. Quando a empregada veio ver o serviço, eu não tinha nem começado:

— Mas o senhor não fez o serviço? — disse a empregada.

— Bem, toda a vez que eu me levantava, o cão fazia o mesmo na minha direção — respondi para ela.

— Mas o cão é manso! Não faz nada, moço!

— Ahhh! Mas eu estava com medo do cão. Agora que você está aqui junto comigo, eu poderei fazer o meu serviço.

Assim, eu terminei de fazer a instalação do equipamento na estante e terminei o serviço, enquanto ela segurava o animal. Resumo: Todo cuidado é pouco para evitar acidente!..

6.2 CASO (1981): FUNCIONÁRIO ATRAPALHADOR

Ao atender o telefone, era um cliente querendo saber sobre o conserto do seu tape deck gravador. Nesse momento, um engraçadinho da Companhia Telefônica fez linha cruzada com o aparelho telefônico, pelo qual eu escutava a conversa dele com o cliente. O cliente o escutava, mas não a minha fala. O cliente perguntava e ele respondia:

— O meu aparelho está pronto o conserto?

— Nós fizemos uma gambiarra no aparelho. Ele explodiu e as peças estão espalhadas aqui na mesa. O senhor vem buscar logo porque colocaremos as peças queimadas no lixo — disse-lhe o funcionário atrapalhador da ligação.

SAUDADE DOS VELHOS TEMPOS: SEU JOSÉ E SUAS MEMÓRIAS

— Meu tape deck gravador de estimação! Vocês têm que me entregar outro aparelho!

Eu querendo falar que era linha cruzada no aparelho telefônico, mas o cliente não escutava a minha fala. A ligação foi desligada. Passaram uns quarenta minutos, quando uma pessoa chegou no balcão. Eu estava de cabeça baixa escrevendo nota fiscal e disse:

— Por favor, aguarde um minuto que vou lhe atender.

Quando acabei de tirar uma nota fiscal, reparei que a pessoa tinha colocado um revólver em cima do balcão. Eu falei:

— Moço, guarda essa arma, por favor!

Ele respondeu:

— Eu sou o dono do tape deck gravador que você disse que explodiu com a gambiarra. No telefonema, não disse?

— Por favor, o senhor vem aqui no andar de cima, onde fica a oficina técnica.

Ao chegar chamei os técnicos Edwaldo e Reinaldo que mostraram o aparelho dele consertado e funcionando corretamente. Então, o cliente disse:

— Sr. José Luiz, por que você falou no telefone uma brincadeira dessa?

— Não era eu quem falava com o senhor, ao telefone. E sim o funcionário atrapalhador da Companhia Telefônica — respondi.

Esclareci o trote e o cliente me pediu desculpas por ter me assustado no balcão. Tudo foi bem resolvido!..[34]

6.3 CASO (1983): AO AMIGO MAURO

Quando eu trabalhava na Eletrônica Balbi, na Rua Ubaldino do Amaral, número oitenta, loja B, conheci o amigo Mauro, técnico de televisores que trabalhava na loja A.

Todos os dias, na minha hora de almoço, durante a semana de trabalho, nós almoçávamos juntos. Em um desses momentos, nós trocamos nossos endereços para os clientes que precisavam de consertos em televisores com ele. E os clientes que precisassem de reparos em aparelhos de som ele me indicaria para que eu fizesse os reparos.

---

[34] Mantenho no escrito essa forma de pontuação exclamativa que Seu José faz, repetidamente.

O amigo Mauro morava em Bonsucesso, na Rua Tangará, e o meu endereço era na rua do Amparo, em Cascadura. Mas os números de telefones eram das lojas onde trabalhávamos.

Num final de semana do ano de 1983, encontrei uma patrulhinha da polícia no momento em que eu chegava ao meu portão. Um dos soldados saiu do carro em direção a mim e fez a pergunta, se eu conhecia o rapaz que estava na viatura, no banco de trás do veículo, com um aparelho de som AM/FM. Era um toca-discos Yang.

Respondi que sim e perguntei ao Mauro o que ele estava fazendo ali no carro da polícia?

Ele me respondeu:

— Preciso que você me ajude a resolver o defeito nesse aparelho toca-discos. Mandei que os dois entrassem em minha residência.

Então, o Mauro explicou que consertou a parte do rádio, mas não soube reparar o defeito do toca-discos. A dona do aparelho se aborreceu e lhe pediu o dinheiro de volta, mas ele já tinha gastado. Então, ela pediu ao filho, que era delegado de polícia, que resolvesse o imbróglio do conserto do seu aparelho de som.

O delegado perguntou ao Mauro:

— Rapaz, você não tem um amigo seu que possa resolver este problema? Então, o Mauro respondeu que me conhecia. Deu o meu endereço e apareceu assim "de patrulhinha" lá em casa. Que na época chamavam "Joaninha" porque era um fusca.

— Mauro, este defeito é muito fácil de fazer o reparo. Mauro confessou-me não entender do reparo, que era mecânico.

— Zé Luiz, "quebre esse galho" para o seu amigo! Fico te devendo este favor.

Fiz o reparo mecânico e o problema foi resolvido.

6.4 CASO (1988): UM FINAL DE SEMANA ASSUSTADOR

Era um dia de sábado, quando recebi a O.S. (Ordem de Serviços). Um total de três atendimentos domiciliares: bairro Ipanema, bairro Praia de Icaraí (Niterói) e o último no bairro da Tijuca.

Primeiro atendimento foi em Ipanema (Rua Barão da Torre). Seguindo pela Barão da Torre, num determinado momento, alguém jogou uma lâmpada que bateu na minha maleta, por sorte, que eu carregava e quebrou no chão fazendo um barulho enorme e que me assustou.

Segui para o local do serviço. Concluí a tarefa e despedi-me do cliente e fui fazer o segundo atendimento em Niterói.

Ao chegar na Praça XV, em vez de viajar na barca que levava uns vinte minutos, Para ganhar mais tempo resolvi viajar de aerobarco, o que gastava a metade do tempo. Não foi boa a minha escolha. O aerobarco chocou-se contra um caixote que estava flutuando na Baía de Guanabara. Aí o barco fez um balanço forte e parou o motor por alguns instantes. Outro susto que eu levei.

Na volta, após ter feito o reparo resolvi voltar de barca, que demora mais pra afundar e dá tempo de chegar o socorro. Eu não sei nadar.

Ao chegar na Tijuca, meu último atendimento do dia. Segui pela Rua Conde de Bonfim, entrando na Rua Guaxupé, onde morava o cliente. Foi aí que um carro da marca Aero Willis, ao sair da Avenida Maracanã, entrou na Guaxupé a toda velocidade na minha direção. A porta do motorista abriu. Ele se desequilibrou, mas rapidamente se controlou.

O veículo ainda tocou suas rodas dianteiras e traseiras no meio-fio, bem perto de onde eu estava. Foi mais um susto! Graças a Deus, cheguei seguro em casa. Me senti muito amparado por Deus!

— Tem muito mais! — diz Seu José. — Mas esses eu não esqueço.

EPÍLOGO

O nome de um sentimento surge como tema da biografia de Seu José, e pode significar, entre outros tantos sentidos, a nostalgia pelos acontecimentos passados, privilegiando-os muito mais consideravelmente do que os do presente. Isso me causa certa surpresa, de início, porque há passagens que, enquanto conta a mim, parecem tristes, ou mesmo me causam certa indignação. Quando ponho essa questão, Seu José me diz que, juntando tudo, o que suas lembranças lhe trazem à memória é um saldo de gratidão e saudade.

Você, leitor, não deve perder de vista como a história do Seu José te afeta. Se os tempos são outros e a lei não permite mais milhos no joelho ou régua e palmatória na escola, certos segredos ou mentiras no seio da família, ainda ocorrem como repetições do passado nem sempre com final feliz.

Se da sonegação da verdade de sua origem materna e paterna, Seu José distribui ternura, ele diz que não sentiu que perdeu com isso. Pelo contrário, sendo seus primos ou irmãos, não importa! Eles sempre estiveram perto.

Seu pai, apesar do *jeito duro com as palavras*, assim como diz, tomou as rédeas por sua vida e o conduziu lhe mostrando o que julgava certo, e era sob esse ponto de vista que agia ou reagia no dia a dia com seu filho.

Do que mais Seu José se ressente? Seu pai não lhe sorria. O valor que o sorriso tem para ele é uma conquista a cada vez que sorri, porque ainda se sente "tímido" em mostrar o seu sorriso.

Foto 38 – Seu José sorri segurando mais uma invenção: gaiolamp

Fonte: Arquivo pessoal de Leite (2022)

Aqui Seu José mostra seu belo sorriso segurando o gaiolamp que confeccionou lendo a revista de seu mestre inspirador Newton Carvalho Braga.

Muitas vezes disse durante as entrevistas:

— *Você sabia que eu nunca vi meu pai sorrir?*

Existem essas pessoas que, como Seu José, transformam suas vivências, relacionamentos, aprendizados e experiências profissionais em invenções, disponibilidade com seus próximos e distantes. Sempre prontas a aprender e fazer coisas novas com a sua saudade dos velhos tempos.

Ele agradece a sua mãe adotiva no leito de morte, em vez de perdoá-la, como ela lhe roga. Justamente porque a revelação não altera em nada o seu amor por ela.

— *Então, por que perdão, se eu só tinha a agradecer? Sempre foi e sempre será a minha mãe. Tanto que jamais desconfiei que tanto minha mãe como meu pai João não o fossem.*

Seu dom, quanto mais se anuncia, mais afetos e interesse desperta. Diga-se de passagem o dia da consulta com a médica otorrinolaringologista em que montou seu microfone parabólico para participar do exame auditivo.

Desejava escutar o que a doutora lhe indagava. Chamou atenção da médica um paciente de primeira consulta para avaliar a audição ter inventado um aparelho auditivo com materiais tão simples e de custo barato. Não fosse suficiente surpreendê-la, encantou também a fonoaudióloga no dia seguinte, que fez questão de elogiar sua iniciativa e informar o quanto seu invento preservou boa parcela de sua capacidade auditiva. Tanto que fez questão de fazer o exame audiométrico também com o microfone parabólico do Seu José.

É notável sua história oral, sem dispensar seus escritos, que de diferentes modos apontam para o lugar de sua paixão pelo ofício profissional que abraçou, e ainda abraça, do qual não se aposenta nunca o seu olhar observador de espírito inventivo.

Esta biografia certamente é o início de um caminho que se inicia bem porque é história. E histórias se contam! E quem não se conta no contado, não é? Quando falamos, dizemos sempre além do que pensamos ter dito. É o que permite que a leitura seja um ato muito singular.

Talvez se possa dizer que seja porque Seu José faz história e gosta de contá-la. Por isso, não se chega ao "fim", ao "The end" da sua história de vida, como se apresentam os fins das histórias de todo jeito: as que escutamos, lemos ou assistimos.

"Seu José", certamente, há de inventar um novo começo. Pois, como diz, *é muito habilidoso e inventivo!*

"As pessoas gostam de possuir coisas, terras, bagagens, outras pessoas, e se sentem seguras com isso, mas tudo pode ser tirado delas e, no final, a última coisa que você possui mesmo é a sua história". Do filme AUSTRÁLIA (2008).

REFERÊNCIAS

AUSTRÁLIA. Direção de Baz Luhrmann. [*S.l.*]: Twentieth Century Fox, 2008. (165 min.), son., color. Legendado.

DICIONÁRIO PRIBERAM. **Traste**. [2022]. Disponível em: https://dicionario.priberam.org/traste. Acesso em: 4 out. 2022.

EXTRA. Rio de Janeiro, 2 ago. 2015.

MENDES, Wilson. De volta para o futuro. **Extra**, Rio de Janeiro, p. 3-3, 22 maio 2013.

MÚLTIPLOS AUTORES. **Folhinha Sagrado Coração de Jesus**. Petrópolis: Vozes, 2019.

LEITE, Maria Geni Rangel. **A responsabilização em xeque**: o adolescente em semiliberdade no exercício da fala. 2013. 105 f. Dissertação (Mestrado em Psicologia) — Universidade Federal Fluminense, Niterói, 2013.

RIZZATTO, Mariana. Quem foi Assis Chateaubriand?. **Superinteressante**, São Paulo, 2020. Disponível em: https://super.abril.com.br/mundo-estranho/quem-foi-assis-chateaubriand/. Acesso em: 14 set. 2022.